Vivere il Vedānta

Amma e l'Advaita

Swami Ramakrishnananda Puri

Mata Amritanandamayi Center,
San Ramon, California, Stati Uniti

Vivere il Vedānta

Amma e l'Advaita

Swami Ramakrishnananda Puri

Pubblicato da:
Mata Amritanandamayi Center
P.O. Box 613
San Ramon, CA 94583-0613, Stati Uniti

In India:
www.amritapuri.org
inform@amritapuri.org

In Italia:
www.amma-italia.it
info@amma-italia.it

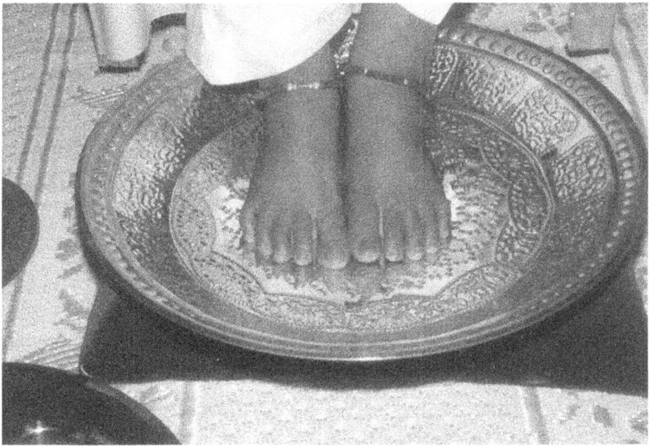

Offerto ai Piedi di loto
della mia beneamata Satguru
Sri Mata Amritanandamayi Devi

Indice

Sri Mata Amritanandamayi Devi 7
Introduzione 9
1. La Dea della Conoscenza 23
2. Le forbici del viveka 33
3. Un panno tagliato a metà 58
4. Sono già illuminato? 75
5. L'ago e il filo del cuore 83
6. Il riflesso del nostro vero volto 95
7. Vivere il Vedānta 151

Sri Mata Amritanandamayi Devi

Grazie ai suoi straordinari atti d'amore e di abnegazione, Sri Mata Amritanandamayi Devi, conosciuta in tutto il mondo semplicemente come Amma, ovvero "Madre" nella sua lingua nativa, è una figura cara al cuore di milioni di persone in tutto il mondo. Amma accarezza affettuosamente chiunque si rechi da lei, stringendolo al suo cuore con un abbraccio pieno d'amore. Amma condivide con tutti il suo amore infinito, a prescindere dalle credenze, dalla posizione sociale o dalle motivazioni che spingono la gente ad incontrarla. In questo modo semplice ma potente, Amma sta trasformando la vita di innumerevoli persone, aiutando il loro cuore a sbocciare, abbraccio dopo abbraccio. Negli ultimi 45 anni, Amma ha fisicamente stretto tra le braccia più di 40 milioni di persone provenienti da ogni parte del mondo.

Il suo instancabile spirito di dedizione, sempre volto alla felicità altrui, ha dato origine a un'ampia rete di attività umanitarie grazie alle quali i volontari scoprono il profondo senso di pace e di appagamento interiore che proviene dal servire gli altri in maniera disinteressata.

Amma insegna che il Divino è presente in ogni cosa, animata e inanimata. Fare l'esperienza di questa verità è l'essenza della spiritualità, la via che pone fine alla sofferenza. Gli insegnamenti di Amma sono universali. A chiunque le chieda quale sia la sua religione, Amma risponde sempre che è l'amore. Lei non chiede a nessuno di credere in Dio né di cambiare la propria fede religiosa, ma semplicemente invita tutti a scoprire la propria vera natura e a credere in se stessi.

Introduzione

Che lo sappiamo o no, abbiamo un solo obiettivo nella vita: essere felici. Potremmo perseguire altri obiettivi, ma se ci riflettiamo sopra, ci accorgiamo che, in definitiva, anch'essi sono tentativi di trovare la felicità. Nel subconscio, la nostra mente calcola costantemente se le nostre varie azioni accresceranno o ridurranno il nostro livello di felicità.

Scegliete sei azioni che avete compiuto nelle ultime 24 ore. Supponiamo che:

1) abbiate fatto la doccia e lavato i denti;

2) abbiate meditato per venti minuti;

3) abbiate fatto colazione;

4) abbiate abbracciato un vostro caro;

5) siate andati al lavoro;

6) abbiate passato un'ora a fare volontariato per un'organizzazione caritatevole.

Mentre il risultato diretto e desiderato di ciascuna di queste azioni varia, il risultato primario, indiretto e ricercato di tutte queste azioni è la felicità. Potreste rispondere che vi siete lavati i denti perché volete dei denti puliti e un alito profumato, ma perché li volete? È molto semplice: le carie sono dolorose e vi fanno sentire tristi. Allo stesso modo, un alito cattivo è imbarazzante; sapere di averlo vi mette a disagio e agita la mente.

Analogamente, meditare può renderci più o meno felici mentre lo facciamo, ma coloro che meditano ritengono che, infine, saranno più felici e più sereni anche se a volte trovano questa pratica noiosa. Ci piace fare la prima colazione. Immaginiamo però di saltarla: a un certo punto avevamo deciso che perdere peso ci avrebbe reso più felici dei *pancake*. Una top model condivise la stessa idea con questa affermazione discutibile: "Niente ha un sapore migliore del sentirsi magrissime, neppure il piatto più delizioso". Forse lavoriamo per guadagnare soldi e portare il nostro contributo alla società, ma qual è la nostra motivazione? Sappiamo che senza soldi soffriremo. Inoltre, molti si sentono insoddisfatti se non contribuiscono attivamente alla società.

Abbracciamo i nostri cari perché mantenere queste relazioni dando e ricevendo affetto ci fa sentire completi e felici. Ci impegniamo nel volontariato perché pensiamo che ci farà sentire bene, che risveglierà i sentimenti positivi che nascono dall'aiutare gli altri.

Una volta menzionai questo punto a un devoto che mi disse di non essere d'accordo: conosceva molte persone che facevano volontariato solo per assecondare una pressione sociale. Gli feci notare che anche questa motivazione è basata sul desiderio di sentirsi felici perché non vogliamo essere criticati dai nostri pari: la mente è giunta alla conclusione che non aderire ai valori dei nostri pari incida negativamente sulla nostra felicità più dell'andare a servire un pasto alla mensa dei poveri e rischiare di non poter assistere a una partita di cricket o di basket. In definitiva, tutto ciò che facciamo ha lo scopo di farci sentire felici.

Amma ha un suo modo unico di esprimere questo concetto. Dice: "La nostra vita è fatta per nascere nell'amore, vivere nell'amore e finire nell'amore". Cos'è l'amore? L'amore è felicità. Sono sinonimi. Il sentimento di amore e il senso di felicità sono la stessa cosa: beatitudine, pace, gioia. Il termine sanscrito di felicità è ānanda. L'affermazione di Amma non finisce qui, ma prosegue: "La nostra vita è fatta per nascere nell'amore, vivere nell'amore e finire nell'amore. Sfortunatamente, anche se la maggior parte di noi passa la vita cercando l'amore, in genere muore senza averlo trovato". Amma sta dicendo che, anche se nel corso della nostra vita aspiriamo a fare l'esperienza dell'amore e della felicità, falliamo miseramente. Di conseguenza, se il nostro subconscio è sempre impegnato a calcolare cosa potrebbe apportare maggiore felicità, ovviamente c'è un errore di base nei suoi calcoli.

Tale errore viene messo in risalto nel Madhu Brāhmaṇa della *Bṛhadāraṇyaka Upaniṣad*. In questa sottosezione, possiamo vedere l'evoluzione della definizione della felicità da parte di un ricercatore spirituale. Avendo ottenuto l'*ātm-a-jñānaṁ* (la conoscenza del Sé), Yājñavalkya decide di dividere i suoi beni tra le due mogli Kātyāyanī e Maitreyī prima di intraprendere la vita di monaco errante. Yājñavalkya ha già compreso la sua vera natura, ma intende dedicare la sua vita ad assimilare questa comprensione affinché saturi i suoi pensieri, le sue parole e le sue azioni. Vuole fare esperienza della pace interiore, della contentezza e della gioia che nascono quando la conoscenza del Sé si espande fino a permeare il subconscio.

Quando Yājñavalkya comunica alle sue spose la decisione di donare loro ogni avere, Kātyāyanī ne è felice. Maitreyī, invece, si rende conto che se il marito è disposto a lasciare tutti i suoi beni e le sue relazioni deve possedere qualcosa di molto più prezioso e gli chiede: "Ma a parte la metà delle tue sostanze, se possedessi tutte le ricchezze del mondo diventerei immortale?". Yajnavalkya ammette che non sarebbe così e aggiunge: "Ti farebbe vivere in mezzo agli agi, ma un giorno dovrai comunque morire". A queste parole, Maitreyī capisce che, per quanti agi e felicità possano procurarle le relazioni e gli agi, tutti quanti svaniranno quando ne verrà separata morendo. La sua mente fa un rapido calcolo: "Quanta felicità posso ricavare da tutti gli averi di Yājñavalkya e quanto durerà?". Si accorge che non sarà così tanta e non per molto tempo.

Compiaciuto della maturità spirituale della moglie, Yājñavalkya decide di insegnarle qual è la natura della felicità e il suo legame con i beni materiali e le relazioni. Yājñavalkya dice:

> sa hovaca na vā are patyuḥ kāmāya patiḥ
> priyo bhavatyātmanastu kāmāya patiḥ
> priyo bhavati |
> na vā are jāyāyai kāmāya jāyā priyā
> bhavatyātmanastu kāmāya jāyā priyā
> bhavati |
>
> Mia cara, non è per amore del marito che il marito è caro, ma per amore del proprio Sé. Non è neppure per amore della moglie che la moglie è cara, ma per amore del proprio Sé[1].

Questa è una verità difficile da accettare, ma per un ricercatore spirituale è una verità importante. Ognuno ha un solo vero amore che è, era e sarà sempre: se stesso. Tutte le altre forme d'amore sono secondarie o di supporto al substrato, che è l'amore per il proprio Sé.

L'*Advaita Vedānta* ci dice infatti che un essere umano è capace di amare solo due cose: l'esperienza della felicità stessa e i vari mezzi per sperimentare la felicità. Così, nel mantra appena citato, Yājñavalkya spiega a Maitreyī la natura delle relazioni, compresa quella del loro matrimonio che sta per finire.

[1] Bṛhadāraṇyaka Upaniṣad, 4.5.6

Le sta dicendo: "Ascolta, potresti pensare di amarmi ma, in realtà, ciò che ami è la felicità che la mia presenza e le mie azioni generano nella tua mente. Mi ami in quanto sono uno strumento efficace che ti permette di fare questa esperienza di felicità. Per questo stesso motivo, ho 'amato' te e anche Kātyāyanī".

L'insegnamento di Yājñavalkya potrebbe sembrare piuttosto crudo, quasi nichilista, ma cela all'interno un vero diamante di saggezza, luce e amore. Infatti Yājñavalkya non solo sta dicendo che l'amore è per "questo piccolo sé", ma anche che l'amore è per "il proprio Sé" con la "S" maiuscola. Questo vuol dire che l'amore è la natura del Sé, del vero Sé, l'*ātmā*. L'amore che pensate di ottenere attraverso i beni e le relazioni non proviene affatto da essi, ma dal vostro interno. È la manifestazione nella nostra mente della beatitudine che è la nostra vera natura. È *questa* esperienza, l'esperienza della mente che riflette la beatitudine dell'*ātmā*, che amiamo e a cui aspiriamo. Facciamo l'errore di credere che la fonte si trovi all'esterno. In realtà, quella beatitudine è ciò che noi siamo.

Questo errore è il motivo per cui le nostre formule di felicità non funzionano perché pongono l'accento sui diversi mezzi per raggiungere la felicità e non sulla felicità stessa. E tutti gli elementi che rientrano nei nostri calcoli – soldi, casa, salute, relazioni, divertimenti, piaceri e così via – sono limitati. Tutti quanti possono unicamente creare le condizioni necessarie affinché un certo grado di felicità si manifesti nella nostra mente per un tempo limitato. Se vogliamo trovare la felicità ultima, la vera beatitudine, dobbiamo comprendere e recepire la felicità non come uno stato creato da fattori esterni, ma come la nostra natura essenziale. Come dice Amma: "Dobbiamo passare da 'Ti amo' a 'Io sono amore'".

Nessuna azione, mondana o spirituale, può produrre tale cambiamento perché non avviene a livello fisico. È un cambiamento che avviene sul piano della conoscenza: è necessario comprendere che l'amore è già la nostra vera natura. Quindi è, come proclama il *Vedānta, prāptasya prāptiḥ*, ovvero si tratta di raggiungere ciò che è già stato raggiunto, di scoprire la verità che "Io sono, ero e sarò sempre l'unica fonte infinita ed eterna di amore e di beatitudine".

Supponiamo, ad esempio, che un uomo di nome Cletus ignori, chissà perché, di essere un essere umano, ma sia convinto di essere un labrador. Un giorno decide di voler diventare a tutti i costi un essere umano e che questo sia il suo vero scopo nella vita. Nient'altro conta. Intende fare del suo meglio per diventarlo il prima possibile.

Ora, come ci riuscirà? Se Cletus camminasse per 10.000 chilometri diventerebbe umano? No. E se smettesse di mangiare cibo per cani e diventasse vegetariano? Neppure. E se imparasse a meditare e praticasse per venti ore di fila mentre esegue una *yogāsana* dell' "umano che guarda per terra"? No, niente di tutto questo renderà Cletus un essere umano. Perché? Perché lo è già, è un essere umano che *crede* di essere un cane. Quindi, niente può "trasformarlo" in umano, nemmeno sapere di esserlo, perché lui è già un essere umano.

Questo è il principio fondamentale dell'*Advaita Vedānta*, che afferma non che siamo esseri umani convinti di essere cani, ma che tutti noi siamo divini, il Divino, Uno e onnipresente, convinti di essere umani. Amma dice che "Il Divino è la nostra vera natura. Nulla può cambiarla. Insistere nell'affermare: 'Io sono l'ego, il corpo, la mente e l'intelletto', non cambierà le cose. La vostra vera natura non è minimamente influenzata da una vostra mancanza di comprensione. È come dire che la Terra è piatta e non rotonda. Continuare a proclamare che la Terra è piatta, convinti che sia la verità, cambierà la forma della Terra? Naturalmente no. Allo stesso modo, siete liberi di credere di essere l'ego e che l'ego sia reale, ma rimarrete comunque ciò che siete: l'*ātmā*. La vostra natura divina non cambierà né sarà scalfita anche se non ci credete".

Così, proprio come la realtà rimane immutata sia che pensiamo di essere un cane o un essere umano, così la realtà resta inalterata sia che crediamo di essere l'ego o l'*ātmā*. La verità non è influenzata dalla nostra ignoranza o dalla nostra conoscenza.

Perché allora il *Vedānta* attribuisce una tale importanza alla conoscenza? Perché quando comprendiamo qual è la nostra vera natura, la vita diventa piena e completa e diventiamo consapevoli che l'amore e la felicità che stavamo cercando da tutta la vita non sono all'esterno. Quell'amore siamo noi, Dio. È in questa conoscenza che ci realizziamo. La strenua ricerca dell'appagamento cessa e da questo momento in poi il movente delle nostre azioni non è più prendere, ma dare. Non siamo più spinti ad agire da una sensazione di incompletezza, ma da una sensazione di pienezza e di completezza. Diventiamo come Amma, un essere che le Scritture descrivono come l'incarnazione dell'altruismo:

> śāntā mahānto nivasanti santaḥ
> vasantavalloka-hitaṁ carantaḥ | tīrṇāḥ
> svayaṁ bhīmabhavārṇavaṁ janān
> ahetunānyānapi tārayantaḥ ||
>
> Vi sono anime serene e magnanime che, simili alla primavera, effondono una benefica influenza sull'umanità. Avendo attraversato il terribile oceano delle nascite e delle morti, tali anime aiutano gli altri a farlo senza alcun motivo egoistico[2].

"Cletus, tu non sei un cane, ma un essere umano". Così come solo la conoscenza di non essere un

[2] Vivekacūḍāmaṇi, 37

cane bensì un essere umano può liberare, in senso figurato, Cletus dall'essere un cane, così anche l'*ātma-jñānam* ci libera, simbolicamente, dall'idea errata che siamo esseri umani limitati, mortali, incatenati e nella sofferenza. Questo cambiamento nella comprensione di sé è ciò che intendiamo come *mokṣa*, liberazione. Questo è il motivo per cui i guru del lignaggio dell'*Advaita Vedānta* dichiarano:

> kevalād-eva jnānād-mokṣaḥ
>
> Solo la conoscenza può accordare la liberazione[3].

Il titolo di questo libro è "Vivere il *Vedānta*". Il motivo per cui è stato scelto questo titolo è perché questo è ciò che vediamo in Amma, qualcuno il cui pensiero, la cui azione e la cui parola sono in piena sintonia con i principi del *Vedānta*. Inoltre, ogni qualvolta Amma parla dell'*Advaita*, ribadisce che, in sostanza, il *Vedānta* non è qualcosa di cui parlare e basta, bensì qualcosa da vivere. Amma dice: "Gli antichi saggi fecero per eoni intense pratiche spirituali. *Vivevano* realmente

---

[3] Ādi Śaṅkarācārya, commento introduttivo al terzo capitolo della *Bhagavad-Gītā*.

il *Vedānta*. La maggior parte di noi si limita a leggere e tenere discorsi sulle Scritture: un puro esercizio intellettuale. Il *Vedānta* dev'essere vissuto. Questa è la vera spiritualità. L'unico modo per valutare il nostro progresso spirituale è mettere alla prova la nostra capacità di essere equanimi e pazienti indipendentemente dalle circostanze e notare l'amore e la compassione per gli altri che sgorgano spontaneamente dal nostro cuore. Questi devono essere i nostri obiettivi primari".

Quindi, questo libro ha come scopo presentare l'essenza della conoscenza spirituale, una breve panoramica del percorso per conseguirla e rivelare come l'*Advaita* sia l'insegnamento supremo di Amma. Inoltre, esamineremo ciò che Amma intende quando parla di "vivere il *Vedānta*" e perché lo ritiene di fondamentale importanza per un ricercatore spirituale.

1

La Dea della Conoscenza

Nella cultura indiana, alla conoscenza è attributo il valore supremo, superiore a qualsiasi altra cosa. Viene perfino divinizzata e venerata come la dea Sarasvatī, la Madre Divina. Ogni volta che abbiamo una riunione o una cerimonia, la iniziamo sempre accendendo la lampada ad olio, la cui fiamma rappresenta la conoscenza. La motivazione che sta alla base di questo atto è: "Come questa fiamma illumina questa stanza buia, possa la conoscenza trasmettersi a tutti noi e rimuovere l'oscurità dell'ignoranza". L'antico poeta Bhatṛhari fece un elogio della conoscenza con i seguenti versi:

> na cora-hāryaṁ na ca rāja-hāryaṁ na
> bhrātṛ-bhājyaṁ na ca bhārakārī |
> vyaye kṛte vardhata eva nityaṁ vidyā-
> dhanaṁ sarva-dhana-pradhānam ||

> Non si può rubarla né tassarla; un fratello non può rivendicarla e non è mai un peso. Cresce sempre quando viene usata.

> Tra tutte le forme di ricchezza, la conoscenza è la più grande.

In definitiva, se la conoscenza gode di uno status tanto elevato nella cultura indiana, è grazie al suo immenso potere di trasformazione. È la nostra comprensione degli oggetti, delle persone e di Dio che determina il nostro atteggiamento interiore nei loro confronti ed è da questo atteggiamento che provengono i nostri pensieri, le nostre parole e le nostre azioni. Quindi, la conoscenza è la base su cui poggia tutta la nostra vita. Quando diviene più vasta, produce una trasformazione radicale. Attualmente, la conoscenza che abbiamo di noi stessi e del mondo è errata e di conseguenza le nostre interazioni con il mondo e con gli altri sono problematiche. Solo correggendo la nostra errata comprensione della nostra natura e della natura del mondo, le nostre azioni diventeranno armoniose, come lo sono quelle di Amma.

Il seguente esempio, portato da Amma, illustra questa verità: "Una scuola si trovò ad affrontare un problema piuttosto singolare: molte ragazzine che avevano cominciato a usare il rossetto si truccavano in bagno e poi, per toglierne l'eccesso, premevano le labbra sullo specchio lasciando decine di impronte.

Alla fine della giornata, l'inserviente impiegava ore per cancellare le tracce. Aveva tentato di parlare con le ragazzine e aveva appeso dei cartelli in bagno e sulle bacheche, ma senza nessun risultato. Alla fine decise di segnalare il fatto alla preside, che andò personalmente nei bagni per rendersi conto della situazione e poi lo rassicurò, dicendogli che si sarebbe occupata della faccenda e avrebbe convocato tutte le alunne.

Il giorno dopo, la preside convocò le studentesse nei bagni, dove le incontrò assieme all'inserviente. Mentre spiegava alle ragazzine che le impronte lasciate dal rossetto erano un problema serio per l'inserviente che doveva togliere le macchie ogni giorno, si accorse che nessuna di loro prestava molta attenzione alle sue parole.

Divertita da questa mancanza d'interesse, la preside chiese all'inserviente di mostrare come puliva gli specchi. L'uomo prese il lavavetri a manico lungo, lo immerse nell'acqua del water e dopo averlo tirato fuori cominciò a pulire lo specchio.

'Che schifo!', gridarono le ragazzine, 'è così che vengono puliti gli specchi?".

L'inserviente rispose: 'Sì, io li pulisco così tutti i giorni'.

Inutile dire che, da allora, non ci furono più impronte di labbra sugli specchi!".

Quando racconta questa storia, Amma commenta: "Il *satsang* della preside e la presa di coscienza delle ragazzine andarono di pari passo. Le studentesse capirono al volo le implicazioni e questo le indusse a cambiate immediatamente il loro modo di pensare, di sentire e di agire".

Questo è il potere della conoscenza. Le ragazze avevano una determinata idea dello specchio, credevano che fosse puro. Vedere brillare il loro viso appena truccato nello specchio le induceva a provare amore per il loro riflesso e di conseguenza sentivano la voglia di baciarlo. Così, il loro sapere dettava un atteggiamento che a sua volta induceva a compiere un'azione. Ma poi la preside e l'inserviente avevano rivelato alle ragazzine che l'idea che si erano fatte dello specchio era sbagliata: lo specchio non era puro, ma sudicio, perché era stato lavato con l'acqua del water. Dopo aver compreso come stavano le cose, l'attrazione per lo specchio si trasformò in disgusto e le giovani cambiarono il loro comportamento.

Come la luce, la conoscenza illumina e chiarisce ciò che era stato frainteso. Tuttavia, tra tutti i campi della conoscenza, la conoscenza del Sé è speciale perché ci trasforma totalmente, cambia interamente, e una volta per tutte, la nozione che abbiamo di noi stessi.

Non c'è fine alle altre forme di sapere. Infatti, quando studiamo le scienze naturali, più impariamo, più ci rendiamo conto di non sapere. Se ci avviciniamo alle scienze naturali con un senso di essere interiormente incompleti, i nostri studi non cambieranno le cose. Potremo acquisire una profonda conoscenza della storia, della fisica, delle nanoscienze, della chimica e così via, ma continueremo comunque a sentirci alienati, soli, depressi e incompleti.

Questa situazione è magnificamente descritta nella *Chāndogya Upaniṣad.* Il dotto Nārada si reca da un saggio di nome Sanatkumāra. Nārada ha sentito parlare della sua grande saggezza e vuole diventare suo discepolo. Dopo essersi presentato, Nārada risponde alla domanda del saggio enumerando tutte le conoscenze acquisite e ciò che ha conseguito nella vita. Il suo è un elenco piuttosto lungo e include le materie studiate, le arti, le varie scienze e i rami della conoscenza padroneggiati, le lauree ottenute, ecc. È una lista impressionante che sembra continuare all'infinito, ma quando arriva alla fine di questa lunghissima lista, Nārada confessa: *so 'haṁ bhagavaḥ śocāmi*, ossia, "Venerabile, ciò nonostante sono ancora infelice". La *Upaniṣad* prosegue con Sanatkumāra che spiega che la soluzione sta nella conoscenza, ma non quella del mondo. Ciò che è necessario conoscere non sono gli oggetti, ma il soggetto stesso: *tarati śokam ātmavit*, "Chi conosce il Sé trascende il dolore[1]".

Questa è l'essenza della spiritualità. Amma dice esattamente la stessa cosa: "Quando viviamo sapendo che l'*ātmā* è la vera fonte di una pace eterna, possiamo evitare o trascendere il dolore". A questo proposito, ricordo che un giorno un giornalista chiese ad Amma di spiegare l'essenza

[1] Chāndogya Upaniṣad, 7.1.3

della spiritualità con una sola frase. Amma rispose: "Conosci te stesso".

Come Nārada, anche noi abbiamo realizzato molte cose nella vita. Il problema è che ci aspettavamo che ci dessero una felicità duratura. Studiare l'arte e la letteratura, avere la conoscenza del mondo esterno e della scienza è fantastico perché può arricchire la nostra vita in molti modi, ma nessuno di essi ci apporterà una felicità vera e duratura. Questo non dipende da una nostra mancanza, ma dal fatto che queste cose non sono in grado di darcela. Aspettarsi una felicità autentica da tali acquisizioni è come aspettarsi di trovare dei gioielli in un ufficio postale.

Due economisti stavano camminando in un parco quando uno disse all'altro: "Se mi permetti di darti un pugno in faccia, ti do 5.000 euro". Dopo averci pensato un attimo, il compagno accettò. E... bonk! Gli arrivò un pugno. Il primo economista gli diede un assegno di 5.000 euro e poi ripresero a camminare. Pochi minuti dopo, il secondo economista disse: "Ascolta, se mi permetti di darti un pugno in faccia, ti darò 5.000 euro". Il primo economista accettò e... bonk! Fu colpito da un pugno. Dopo qualche passo, il primo economista si fermò e guardò il compagno. Entrambi avevano il naso che sanguinava. "Non so perché", commentò, "ma ho la sensazione che è come se tutti e due avessimo ricevuto un pugno in faccia senza motivo". Il secondo economista rispose: "Cosa? Abbiamo aumentato da soli il PIL di 10.000 euro!".

Ciò che intendo dire è che sia gli obiettivi materiali che la conoscenza oggettiva hanno un loro valore, ma dal punto di vista della felicità, questa importanza è tutt'al più teorica.

Il *Vedānta* ci dice che la nostra vita è fondata su una comprensione errata del mondo e dei suoi oggetti e anche della nostra propria natura, di chi siamo. Sfortunatamente, questa comprensione distorta detta il nostro atteggiamento verso il mondo e verso noi stessi. Inoltre, questo atteggiamento, basato sulla confusione, traccia il corso della nostra vita. Se riusciamo a correggere questa comprensione errata, i nostri atteggiamenti negativi si trasformeranno in positivi, la nostra vita troverà pace e armonia e la nostra sofferenza avrà fine. Affinché ciò possa succedere, è necessaria solo una cosa: la conoscenza, la conoscenza del nostro vero Sé.

Permettetemi di concludere questo capitolo con un esempio: un uomo andò dal medico per il consueto check-up annuale. Il medico gli prescrisse alcuni esami e poi gli chiese di tornare la settimana successiva. Una settimana dopo, l'uomo tornò nello studio del medico. Intento a guardare lo schermo del computer, il dottore gli disse di sedersi di fronte a lui. A un tratto aggrottò le sopracciglia ed esclamò: "No, no, no, questo non va affatto bene". Agghiacciato, l'uomo chiese: "Cosa c'è, dottore? È un cancro?". "Come?", rispose il dottore, "No, lei sta bene. Il mio compagno di golf ha appena cambiato l'orario della nostra partita".

Il *Vedānta* afferma che siamo tutti come questo uomo. Avendo equivocato la natura del mondo e la nostra identità, siamo pieni di tensione e di ansia. Non appena il medico aveva detto al paziente: "No, lei sta bene", immediatamente quest'ultimo aveva ritrovato la pace. Allo stesso modo, una volta compreso correttamente e assimilato il messaggio di Amma e delle Scritture, troveremo anche noi la pace.

"Non preoccuparti, tutto va bene" è l'insegnamento fondamentale del *Vedānta*. La differenza tra la diagnosi del medico e quella del *Vedānta* è che il medico si riferisce al corpo, mentre il *Vedānta* si riferisce al nostro vero Sé, l'*ātmā*. A volte il corpo sarà in buona salute e altre si ammalerà, mentre invece l'*ātmā* è eterno, perennemente senza afflizioni, puro, libero e pieno di beatitudine.

2

Le forbici del viveka

La conoscenza del Sé è molto sottile perché l'oggetto della conoscenza non è affatto un oggetto bensì il soggetto. Pensiamo a tutte le varie forme di conoscenza che abbiamo acquisito: la conoscenza degli sport, della musica, della geografia, dei nostri parenti, delle scienze naturali, della matematica, ecc. In tutti questi casi, l'oggetto della nostra conoscenza è diverso da noi. Lo sappiamo perché in ogni campo di studio vi sono sempre due elementi: io, il soggetto, e poi la scienza, l'oggetto del nostro studio. La biologia molecolare, che studia il funzionamento interno delle molecole, è, ad esempio, una scienza più sottile dell'anatomia. E la psicologia potrebbe essere considerata ancora più sottile poiché non si occupa di qualcosa di microscopico, ma di invisibile: le attività interne della mente. Tuttavia, lo studio dell'*ātmā* è più sottile di tutte queste scienze. Per quanto sottile possa essere, la dinamica di una molecola è comunque oggettivabile. Allo stesso modo, potremmo non essere in grado di vedere la psiche, ma possiamo vederne gli effetti. L'*ātmā*, invece, è impercettibile, indipendentemente da quanto siano all'avanguardia i nostri strumenti scientifici, perché è privo di attributi percepibili.

Così, le *Upaniṣad* dichiarano che l'*ātmā* è *anubhyo 'an*[2], ovvero, "Più sottile del sottile", e *naiva vācā na manasā prāptuṁ śakyo na caks*[3], "Non accessibile con la parola, con la mente o con la vista" e *yato vāco nivartante, aprāpya manasā sah*[4]: "Non riuscendo a raggiungere l'*ātmā*, le parole tornano indietro insieme alla mente".

Amma esprime lo stesso concetto quando dice: "La scienza si occupa del mondo oggettivo, mentre la spiritualità del mondo soggettivo, l'essenza della nostra esistenza. La scienza si concentra su ciò che si vede, il mondo, mentre la spiritualità si occupa esclusivamente di chi lo vede, il vedente, il Sé interiore, senza il quale il mondo diversificato dei nomi e delle forme non

[2] Muṇḍaka Upaniṣad, 2.2.2

[3] Kaṭha Upaniṣad, 2.3.12

[4] Taittirīya Upaniṣad, 2.9.1

esisterebbe. La prima è grossolana, la seconda sottile. Quindi, conoscere l'*ātmā* non è facile come conoscere il corpo e i desideri ad esso associati. Le persone perseguono spontaneamente il conosciuto invece dell'ignoto che, in realtà, è il loro vero Sé. Così, sono attratte dagli oggetti grossolani del mondo invece che dai principi sottili della spiritualità e della vita".

Tali affermazioni potrebbero irritarci. Dopotutto ci viene detto che non possiamo toccare l'*ātmā* né vederlo o sentirlo. Inoltre, non può nemmeno essere un oggetto di pensiero. Allo stesso tempo, ci viene detto che conoscerlo è l'unico modo per trovare la pace, la felicità e il senso di completezza a cui aspiriamo in tutta la nostra vita. Tali affermazioni suonano come un paradosso. Potremmo sentirci come la giovane donna che, dopo essere stata assunta, si sente dire dal datore di lavoro: "Dimentichi tutto quello che ha imparato all'università. Non le servirà qui!". La donna risponde: "Ma io non sono mai andata all'università". "È licenziata. Noi assumiamo solo laureati!", replica il suo capo.

Non preoccupatevi: comprendendo la nostra frustrazione, le Scritture ci indirizzano verso un buon punto di partenza. Dicono che, se non è possibile conoscere l'*ātmā* direttamente affermando: "È *questo*", perché non provare allora ad invertire i termini, partendo da tutto ciò che non è: "Non è *questo*". Se riusciamo a procedere per esclusione, forse arriveremo alla nostra vera natura attraverso il processo di eliminazione. Naturalmente nessuno di noi si identifica con il mondo esterno. Il problema è che ci identifichiamo con i vari aspetti del nostro sistema corpo-mente.

Nelle Scritture, questo metodo è presentato servendosi di vari modelli. Alcuni di questi includono il *pañca-kośa viveka* (il discernimento tra il Sé e i cinque involucri), il *śarīra-traya* (il discernimento tra il Sé e il corpo grossolano, sottile e causale) e l'*avasthā-traya viveka* (il discernimento tra il Sé e lo stato di veglia, di sogno e di sonno profondo). Tutte queste sono tecniche diverse che mirano allo stesso obiettivo. Attraverso ognuno di questi processi ci diviene chiaro che il nostro complesso corpo-mente non è il Sé ed è per questo che questi metodi vengono solitamente chiamati *ātma-anātma viveka*, ovvero il discernimento tra il Sé e il non-Sé.

Nel suo trattato esaustivo sull'*Advaita* chiamato *Vivekacūḍāmaṇi*, Śrī Ādi Śaṅkarācārya impiega più di cinquanta versi per presentare una versione dettagliata del *viveka pañca kośa* [5], un modello molto utile che suddivide la personalità umana in cinque *kośa*, ognuno più sottile del precedente: *annamaya kośa,* l'involucro costituito dal corpo fisico che è il prodotto del cibo che mangiamo; *prāṇamaya kośa,* l'involucro energetico che anima ogni apparato o sistema del corpo: nervoso, cardiocircolatorio, endocrino e così via; *manomaya kośa,* l'involucro mentale che comprende gli organi di senso, i nostri pensieri e le nostre emozioni; *vijñānamaya kośa,* l'involucro intellettuale costituito dal senso dell'io che afferma se stesso come distinto dagli altri, l'ego che induce all'azione ed è convinto di essere colui che pensa, agisce e gode dei frutti dell'azione, ed infine *ānandamaya kośa,* l'involucro che fa l'esperienza della beatitudine.

Nella sua opera, Śaṅkarācārya spiega dettagliatamente ogni *kośa* e il motivo per cui

[5] La tesi originale del *pañca-kośa viveka* si trova nel secondo capitolo della Taittirīya Upaniṣad, noto come Brahmānanda Vallī.

nessuno di questi involucri può essere l'*ātmā*. Ad esempio, descrive dieci ragioni per cui l'*ātmā* non può essere *annamaya kośa,* il corpo fisico:

1) L'*ātmā* è eterno e il corpo chiaramente non lo è; 2) l'*ātmā* è puro mentre il corpo fisico è pieno di impurità; 3) l'*ātmā* è senziente e il corpo fisico è inerte; 4) pur essendoci corpi fisici diversi, esiste un solo *ātmā*; 5) il corpo fisico ha attributi e l'*ātmā* è privo di attributi; 6) l'*ātmā* è immutabile mentre il corpo fisico muta costantemente; 7) il corpo fisico non ha una realtà indipendente mentre l'*ātmā* è l'unica realtà indipendente; 8) il corpo fisico è composto da diverse parti: braccia, gambe, ecc., mentre l'*ātmā* è indiviso; 9) il corpo fisico è controllato e l'*ātmā* è il controllore; 10) l'*ātmā* è impercettibile mentre noi vediamo chiaramente il nostro corpo.

Gli argomenti di Śaṅkarācārya sono logici, anche se spesso si tratta di un certo tipo di logica, basata sulla conoscenza e sulla fede nelle affermazioni delle Scritture. Prendiamo ad esempio la sua tesi che il corpo fisico sia diverso dall'*ātmā* perché l'*ātmā* è eterno e il corpo fisico non lo è. È evidente che il corpo fisico è mortale. Siamo tutti ben consapevoli che questo involucro di carne ed ossa perirà un giorno e che, se non verrà bruciato, imputridirà. Arriviamo logicamente a questa conclusione osservando tutti i corpi fisici nel mondo: muoiono tutti. Quindi, possiamo logicamente dedurre che anche il nostro morirà. Ma come facciamo a sapere che la natura del Sé è eterna? È questione di fede. La nostra unica fonte di informazione sono le Scritture e gli insegnamenti di *Mahātmā* come Amma. Se li studiamo, scopriamo che il loro messaggio è contenuto nella *Bhagavad-Gītā*:

> na jāyate mriyate vā kadācit nāyaṁ bhūtv-
> ā'bhavitā vā na bhūyaḥ |
> ajo nityaḥ śāśvato'yaṁ purāṇo na hanyate
> hanyamāne śarīre ||
>
> Il Sé non nasce e non muore mai: essendo sempre stato, non cesserà mai di esistere. Non nato, eterno, imperituro e primordiale, non viene ucciso quando il corpo è ucciso[6].

E cosa esclamò Amma quand'era adolescente e alcuni abitanti del villaggio andarono da lei per ucciderla perché non intendeva smettere di dare il darśan? Sorridendo, disse: "Non ho paura della

6 Bhagavad Gita, 2.20

morte. Potete uccidere questo corpo, ma l'*ātmā* è immortale, indistruttibile. Non potete uccidere l'*ātmā*". (Quanta compassione ha Amma! Certo, Kṛṣṇa ha insegnato ad Arjuna l'*ātma-jñānam* sul campo di battaglia, ma Amma è arrivata a trasmettere la conoscenza del Sé persino a chi la voleva assassinare).

Così, per dimostrare l'affermazione logica che il corpo fisico non può essere l'*ātmā* perché contrariamente all'*ātmā* non è eterno, dobbiamo avere studiato le Scritture e le parole di *Mahātmā* come Amma. Non solo dobbiamo averle studiate, ma dobbiamo anche avere fede in ciò che dicono. Quando c'è questo presupposto, possiamo mettere a confronto la natura immortale del Sé con la natura mortale del corpo fisico e concludere che questo corpo fisico non può essere l'*ātmā*. In termini puramente logici, il meglio che potremmo dire sarebbe: "Se esistesse davvero qualcosa d'immortale chiamato *ātmā*, allora esso non sarebbe certamente questo corpo fisico, palesemente mortale". Ad esempio, le *Upaniṣad* affermano che la coscienza è *Brahman (prajñānaṁ brahma).* Se avete fede nelle Scritture, questa è un'affermazione autorevole, ma se non l'avete, potreste ribattere dicendo: "Mi sta bene, Swāmīji. Nel quarto episodio di Guerre Stellari, chiamato 'Una nuova speranza', Obi Wan Kenobi dice: 'La Forza sarà con te, sempre', ma io non ho intenzione di basare la mia vita su questo!". Quindi, poiché molte persone che leggono questo libro potrebbero non conoscere le Scritture dell'India e anche per brevità, useremo la tecnica di *ātmānātma viveka* chiamata *dṛg-dṛśya viveka*, ovvero, il discernimento tra colui che vede e ciò che è visto. Si tratta di un sistema estremamente logico che non richiede alcuna conoscenza preliminare delle Scritture.

Dṛg-dṛśya viveka si basa sui seguenti principi logici: 1) È impossibile separare fisicamente una sostanza dai suoi attributi. 2) Poiché una sostanza e i suoi attributi non possono essere separati, devono per forza essere sperimentati assieme. 3) Se una sostanza e i suoi attributi costituiscono un oggetto da sperimentare, allora ci deve essere un soggetto sperimentatore diverso sia dalla sostanza che dai suoi attributi. 4) Di conseguenza, tutti gli attributi che percepiamo appartengono ad una sostanza sperimentata e non possono mai appartenere a me, il soggetto sperimentatore.

Esaminiamo il primo punto: *è impossibile separare fisicamente una sostanza dai suoi attributi*. Possiamo illustrare questo concetto prendendo come esempio il fuoco. Quali sono i principali attributi del fuoco? Il calore e la luce. Non esiste un fuoco freddo o un fuoco buio. Ora, possiamo scindere queste caratteristiche dalla loro sostanza? Possiamo separare la proprietà del "calore" dal fuoco e metterli l'uno accanto all'altro? No, impossibile. Anche se potremmo definire intellettualmente la sostanza "fuoco" distinguendola dall'attributo "calore", non possiamo separarli fisicamente. Il legame tra una sostanza e i suoi attributi è chiamato *samavāya saṁbandha*, ovvero legame intrinseco. Questa è la nostra prima legge logica: *è impossibile separare fisicamente una sostanza dai suoi attributi*.

Il prossimo passo è un'estensione di questa prima legge. Pensate ad una serie di attributi: grasso, magro, nero, rosso, rotondo, morbido, appuntito... Nessuno di essi può essere conosciuto senza una sostanza. Se vi dicessi: "Hai sentito com'è appuntito?", non avrebbe senso. Domandereste immediatamente: "Appuntito cosa?". Questo perché, come abbiamo appena detto, un attributo e la sua sostanza sono inscindibili. Ciò nonostante percepiamo oggetti appuntiti, rossi, sottili, rotondi. Così, se sperimentiamo l'attributo dell'essere appuntito sapendo che nessun attributo può essere disgiunto dalla sua sostanza, allora per estensione, arriviamo alla conclusione che *tutti gli attributi percepiti appartengono a sostanze percepite*. Non posso dunque percepire la natura pungente di un ago senza percepire simultaneamente l'ago stesso. Allo stesso modo, non posso percepire l'ago senza percepire la sua natura pungente. L'esperienza della sostanza e dei suoi attributi è un'unica esperienza. Quindi, *tutti gli attributi percepiti appartengono a sostanze percepite*.

Ecco un'altra legge logica molto importante nell'*Advaita*: *l'oggetto percepito non può mai essere il soggetto che percepisce*. Colui che fa l'esperienza non può mai diventare l'oggetto dell'esperienza. Prendiamo come esempio l'occhio, l'organo della vista. A suo modo, quest'organo è il soggetto sperimentatore perché con la sua capacità visiva può vedere un'infinità di oggetti: la TV, la porta, i nostri familiari, le nostre stesse mani e piedi, le nuvole nel cielo, la montagna in lontananza e persino la luce emessa da stelle lontane migliaia di miliardi di anni-luce. Se le circostanze sono favorevoli, un globo oculare può anche vedere l'altro, ma c'è qualcosa che un globo oculare non può vedere: se stesso. Quindi, *nessun oggetto percepito può essere il soggetto che percepisce.*

Ecco l'ultimo passaggio: poiché tutti gli attributi percepiti quali grassezza, altezza, rotondità, calore, freddezza, ecc., appartengono a sostanze percepite, *nessun attributo percepito può appartenere a me, il soggetto che percepisce.*

Se esaminiamo i *pañca-kośa* uno per uno, cosa vediamo? La nostra pelle può essere nera, bruna o bianca, può avere nei, lentiggini o cicatrici. Può essere pelosa, oppure liscia, rugosa... Poco importa: tutti quanti sono attributi e quindi parte integrante dell'oggetto chiamato corpo. È evidente che questa singolare esperienza del corpo e dei suoi attributi sia oggetto della mia esperienza. Quindi, *poiché nessun attributo percepito può appartenere a me, il soggetto che percepisce*, io non sono il corpo né i suoi attributi. Se stiamo cercando di comprendere chi siamo procedendo per eliminazione, attraverso questo metodo logico possiamo allora escludere definitivamente di essere il corpo.

Allo stesso modo, possiamo sperimentare in una certa misura gli attributi del *prāṇamaya-kośa*, l'energia che scorre nel corpo. Questa energia è presente nella digestione, nel battito cardiaco, nella pressione sanguigna, nella temperatura e nella frequenza respiratoria. Tutti questi attributi sono legati alla sostanza dell'energia corporea e quindi mi è possibile farne l'esperienza. Di conseguenza, io non sono questi attributi né questa sostanza.

E che ne è della mente, di *manomaya kośa*? Anch'essa è una sostanza con attributi di cui facciamo l'esperienza. Se ci chiedono: "Come stai?", rispondiamo: "Sono molto felice", o forse: "Oggi sono un po' triste". Facciamo l'esperienza delle qualità della felicità e della tristezza. Accade lo stesso quando sperimentiamo una prontezza o un rallentamento della memoria o siamo pieni di dubbi o di certezze. Questi fenomeni sono facilmente osservabili. Convinzione, dubbio, desiderio, felicità, frustrazione, depressione, dolore, euforia, gelosia, avidità, ecc., sono tutti attributi legati alla sostanza chiamata "mente". Facendone l'esperienza, faccio anche l'esperienza della sostanza stessa. Poiché nessun oggetto percepito può essere il soggetto che percepisce, questo significa che io non sono la mente con tutti i suoi attributi mutevoli.

Il livello successivo della nostra personalità è *vijñānamaya-kośa*, che comprende l'intelletto e ciò che viene chiamato *ahaṅkāra*, l'ego. È *vijñānamaya-kośa* che ci dà la sensazione di essere individui finiti, dotati delle qualità di *kartṛtvaṁ, bhoktṛtvam* e *pramātṛtvam*, rispettivamente, la sensazione di essere gli autori, i fruitori delle azioni e chi conosce. È questo aspetto della nostra personalità che ci fa affermare: "*Io* sto facendo questo", "*Io* ho fatto quell'esperienza", "*Io* penso così". Se attraverso *manomaya kośa* siamo identificati con emozioni quali la gelosia, con *vijñānamaya kośa* ne veniamo a conoscenza e diciamo: "Io sono colui che è geloso".

Man mano che si procede verso l'interno, ogni involucro diventa più sottile e in quanto tale è sempre più difficile scinderlo dal vero Sé, l'*ātmā*. Tuttavia, anche qui dovremmo riconoscere che il poter parlare di questo aspetto della nostra personalità indica che lo stiamo sperimentando come un oggetto della nostra consapevolezza. Inoltre, la convinzione che "*Io* sto facendo questo", "*Io* faccio questa esperienza", "*Io* penso così", non è un'esperienza comune a tutti noi? Certo, nel sonno profondo, il senso di sé come individuo limitato e separato da tutto il resto si dissolve, ma al risveglio ricompare immediatamente. Ciò nonostante conserviamo miracolosamente un vago ricordo di un'esperienza al di là del tempo in cui non c'era il senso dell'io e tutto ciò che conoscevamo era pura ed incommensurabile beatitudine. Così, anche se l'*ahaṅkāra* è molto sottile, è senza dubbio un oggetto della nostra coscienza. Śaṅkarācārya lo sottolinea al termine del suo commento sulla *Bhagavad-Gītā*:

"Quando la costante illusione che "il corpo, ecc, è l'*ātmā*" scompare nel sonno profondo, nel *samādhi* o in *samadhi*, allora non si percepiscono più i mali costituiti dal sentirsi colui che agisce e colui che fa questa esperienza[7]".

---

[7] Commento di Śaṅkarācārya sulla *Bhagavad-Gītā*, 18.66

Amma porta anche l'esempio di cosa accade nel sonno profondo per spiegarci che l'ego e i concetti associati di "io" e di "mio" sono esperienze transitorie e, quindi, non possono essere noi, il soggetto. Amma dice: "Una bambina desidera talmente una bambola che piange per diverse ore per averla. Finalmente la ottiene e ci gioca per un po', non permettendo a nessuno di toccarla. Va a dormire tenendola tra le braccia ma, mentre dorme, la bambola cade per terra senza che la piccola se ne accorga. Un altro esempio è quello di un uomo che si addormenta con la testa sul cuscino sotto cui ha nascosto il suo oro. Mentre dorme, arriva un ladro che glielo ruba. Quand'era sveglio, l'uomo non faceva che pensare al suo oro e per questo non aveva pace. Nel sonno però aveva dimenticato tutto e non era più consapevole di se stesso, della sua famiglia o dei suoi beni. Al risveglio, ricompare immediatamente il senso del "mio": "la mia bambola", "la mia collana", "la mia famiglia". Quando il senso dell'io si manifesta di nuovo, anche tutto ciò che gli è associato riappare".

Esaminiamo ora il più sottile di tutti i *kośa*, l'*ānandamaya-kośa*, la cui traduzione letterale è "involucro di beatitudine". *Ānandamaya-kośa* è attivo ogni qualvolta proviamo la felicità, la gioia, la beatitudine. Ne facciamo più profondamente l'esperienza nel sonno profondo, ma ogni volta che siamo al colmo della gioia perché un nostro desiderio è stato soddisfatto, facciamo l'esperienza dell'*ānandamaya-kośa*. Non è possibile osservare attivamente e per un periodo di tempo prolungato lo stato di sonno profondo perché la mente con la sua facoltà di calcolare il tempo cessa momentaneamente di operare in questo stato. Tuttavia, al risveglio, abbiamo miracolosamente un vago ricordo di avere fatto l'esperienza della beatitudine. Se non fosse così, perché pensate che ci piaccia così tanto dormire? Perché esclamiamo: "No, solo altri cinque minuti!" quando qualcuno ci dice che dobbiamo alzarci? È perché nel sonno senza sogni ci fondiamo temporaneamente in un oceano di beatitudine. Amma dice: "Nel sonno profondo non vi è che beatitudine. La beatitudine provata nel sonno profondo è ciò che ci infonde l'energia che avvertiamo al risveglio". Nel sonno profondo, la mente si dissolve e con essa la percezione del tempo e dello spazio. Ciò nonostante stiamo sempre facendo l'esperienza dell'*ānandamaya kośa*. Lo sappiamo perché tutti noi ci svegliamo con questo vago ricordo: "Non sapevo nulla; ero in uno stato di beatitudine". Rammentiamo ciò che è successo classificandolo come un'esperienza priva della dimensione spazio-temporale. Il fatto di poterlo ricordare è la prova che noi non siamo la beatitudine percepita nel sonno profondo.

Qualcuno potrebbe chiedere: "Come posso ricordare qualcosa che è accaduto quando gli strumenti mentali che registrano i ricordi erano inattivi?". Sebbene non siamo in grado di spiegare esattamente "come" sia accaduto, dobbiamo presumere che sia accaduto perché altrimenti nessuno di noi avrebbe quel ricordo. Nell'epistemologia indiana questo strumento di conoscenza è noto come *arthāpatti*, presupposto. L'esempio classico è che se qualcuno è obeso e non mangia nulla durante il giorno, si presume che mangi di notte. Allo stesso modo, se tutti noi rammentiamo la beatitudine percepita nel sonno profondo, pur non sapendo spiegare come sia sorto tale ricordo dobbiamo averne in qualche modo fatto l'esperienza.

Anche per quanto riguarda la felicità che proviamo durante il giorno, ad esempio quando abbiamo ricevuto una buona notizia, mangiato un gelato o trascorso del tempo con i propri cari, anche questa felicità è un oggetto della nostra esperienza. Come potremmo altrimenti misurarla? Ad esempio, diciamo: "Oh, ero felice allora, ma non quanto ora!". Anche la beatitudine che conoscono gli yogī in *samādhi* è un oggetto ed è per questo che compare quando lo yogī entra in quello stato e svanisce quando ne esce. Indipendentemente dall'essere in *samādhi*, nel sonno profondo o dopo aver appreso di aver vinto alla lotteria, tutta la beatitudine che sentiamo dev'essere, per definizione, un oggetto, un oggetto della nostra esperienza. Pertanto, è un attributo di una sostanza che potete chiamare *ānandamaya kośa* oppure darle un qualsiasi altro nome. Io sto facendo l'esperienza della sostanza e dei suoi attributi e quindi non sono me, il soggetto.

Il nostro problema è che proiettiamo queste sostanze esterne e i loro attributi, che sono chiaramente oggetti della nostra esperienza, su noi stessi. Il semplice fatto che ne facciamo l'esperienza implica che sono oggetti e non il nostro Sé.

Nel suo commento alla *Bṛhadāraṇyaka Upaniṣad*, Śaṅkarācārya nega fermamente che un oggetto della nostra esperienza, qualunque esso sia, possa essere il Sé. Aggiunge anche che affermazioni quali "Non lo so. Sono confuso", non indicano un attributo del Sé, ma l'esperienza di un attributo della mente, distinto dal Sé e non diverso dall'esperienza che possiamo fare di un barattolo:

> Tu dici che una persona abbia la percezione: 'Non so, sono confuso'. Ammetti così che costui veda la sua ignoranza e confusione. In altre parole, esse diventano gli oggetti della sua esperienza. Come possono allora l'ignoranza e la confusione, che sono oggetti, essere allo stesso tempo una descrizione del soggetto, di colui che percepisce? Se fossero una descrizione del soggetto, come potrebbero essere oggetti percepiti dal soggetto? Un oggetto è percepito attraverso un'azione compiuta dal soggetto.

> L'oggetto è una cosa e il soggetto un'altra,
> non può percepire se stesso[8].

Così, attraverso il processo logico di *dṛg-dṛśya viveka* in cui si discerne tra colui che vede e l'oggetto visto, tra il percipiente e il percepito, tra il conoscitore e il conosciuto, scopriamo che nulla di cui facciamo esperienza può essere ciò che siamo. Il *Vedānta* pone questa domanda: "Come fai a sapere che non sei tu?" e risponde: "Se ne fai l'esperienza, non sei tu". Tutte le nostre caratteristiche fisiche appartengono al corpo fisico, non a noi. Tutte le nostre emozioni e i nostri sentimenti appartengono alla mente, non a noi. Tutti i nostri pensieri e le nostre idee appartengono all'intelletto, non a noi. Allo stesso modo, tutta la felicità sperimentata è un oggetto, non siamo noi.

Questo modo di imparare a discernere è spesso conosciuto come il processo di *neti neti*[9]: "Non questo, non questo". Amma stessa si riferisce spesso a questa tecnica di discernimento tra il Sé e il non Sé e racconta perfino una storia per

---

[8] Commento di Śaṅkarācārya sulla Bṛhadāraṇyaka, 4.4.6

[9] Bṛhadāraṇyaka Upaniṣad, 2.3.6

illustrare questo metodo. "Dobbiamo esercitare *viveka*", dice Amma, "abbiamo bisogno di capire che non siamo individui limitati, ma qualcosa che va oltre. Dobbiamo costantemente discernere finché non arriviamo a comprenderlo. Un uomo andò in farmacia per comprare le medicine per il padre malato. Quando tornò, era buio pesto perché era mancata la corrente. Arrivò alla porta di casa, ma ora il problema era trovare il padre che aveva bisogno di prendere subito la medicina. Quando alla fine entrò nella sua stanza, non riuscendo a vedere il letto del padre, allungò una mano e si mosse a tastoni. La prima cosa che toccò fu una sedia. 'Non è qui che si trova mio padre', poi il tavolo. Di nuovo si disse: 'Questo è il tavolo, non è qui che si trova mio padre'. Tastando l'armadio, pensò: 'Questo è l'armadio. Non è qui che si trova mio padre'. In questo modo si diresse lentamente verso il padre. Alla fine lo raggiunse e poté somministrargli la medicina.

Allo stesso modo, dobbiamo costantemente discernere, *neti neti*: 'Io non sono questo, io non sono questo'. In tal modo ci diverrà chiaro che 'Io non sono il corpo, non sono la mente, non sono l'intelletto. La mia vera natura è l'*ātmā'*. Continuando a discernere così, andremo gradualmente oltre le apparenze".

Attraverso questo processo, vedremo che non siamo tutto ciò che pensavamo di essere: non siamo il corpo, né la mente, né gli organi di senso, né l'intelletto. Non siamo neppure colui che compie azioni e ne raccoglie i frutti. Allo stesso modo, tutte le qualità della mente quali paura, gelosia, collera, depressione, frustrazione o ignoranza, non sono mie qualità, ma attributi mutevoli della sostanza chiamata "mente". Io sono il testimone della mente e dei suoi attributi mutevoli.

In tal modo giungiamo a una verità molto enigmatica, diametralmente opposta al nostro modo iniziale di pensare. Prima pensavamo: "Provo tristezza, quindi io sono triste", ma adottando la visione del discernimento vedantico, ci accorgiamo che: "Io provo tristezza, ma io non sono triste". Se fosse l'*ātmā* ad essere triste, occorrerebbe un altro *ātmā* che conosce l'*ātmā* triste. Conoscere quest'ultimo *ātmā* richiederebbe l'esistenza di un altro *ātmā* e via di seguito, arrivando alla fallacia logica di una regressione all'infinito.

Ecco una storia che descrive questo punto: un uomo d'affari cade in profonda depressione. Aveva dedicato tutta la vita ad accumulare, ammassare sempre più ricchezze. Un giorno si ammala e si reca dal medico. Il dottore gli dice: "Mi dispiace molto, ma lei ha forse sei mesi di vita, un anno al massimo". In un lampo, l'uomo vede scorrere davanti agli occhi la vita che ha condotto fino a quel momento e si rende conto che tutto il suo denaro sarebbe stato presto inutile: le sue auto fantastiche, i suoi Rolex, la moglie da esibire… non avrebbe potuto portare con sé nulla di tutto ciò.

Per circa un mese si crogiola nella depressione, poi i suoi amici gli dicono: "Ascolta, non puoi continuare a vivere così. Abbiamo sentito parlare di un *sādhu* che vive in una foresta qui vicino e dicono che sia molto saggio. Forse può aiutarti".

Così, tutti assieme si mettono a cercare il *sādhu* e in poco tempo lo trovano. L'uomo gli racconta il suo problema, la sua malattia e la sua profonda depressione. "Così, soffri di depressione?", chiede il *sādhu*. "Sì", risponde l'uomo d'affari, "è per questo che sono venuto qui, per avere qualche sollievo". "Beh, se fai l'esperienza della depressione, non puoi essere depresso", afferma il saggio, che si mette a spiegargli tutto ciò di cui abbiamo parlato finora: il fatto che il soggetto non potrà mai essere il proprio oggetto e così via. Prendendo consapevolezza che non è lui ma la sua mente ad essere depressa, l'uomo è improvvisamente invaso da ondate di gioia. Questa comprensione è sufficiente per acquietare, in una certa misura, il tumulto che regna nella sua mente. L'uomo comprende anche che la sua malattia riguarda il corpo e non lui. Lui, il vero Sé, non è assolutamente malato. E questo diverso modo di comprendere le cose lo rende ancora più felice. Gettandosi ai piedi del *sādhu*, dice: "Swāmīji, lei è un vero maestro illuminato. Sono pieno di beatitudine!". "No, tu non sei nella beatitudine", replica il *sādhu*, "sei colui che è consapevole della beatitudine che è riflessa nella mente. Tu, il soggetto eterno, non potrai mai essere l'oggetto della tua stessa esperienza".

3

Un panno tagliato a metà

Amma ci dice spesso di praticare *siṁhāvalokana-nyāya*, ovvero guardarci indietro come fa il leone. Mentre cammina, di tanto in tanto il leone si ferma e si guarda alle spalle. Amma dice che dobbiamo fare lo stesso nella vita spirituale. Di tanto in tanto dobbiamo fermarci e guardare indietro per vedere dov'eravamo e assicurarci di stare facendo progressi. Così, prima di proseguire, passiamo in rassegna tutto ciò che abbiamo trattato.

Vogliamo conoscere la vera natura del Sé perché i *Mahātmā* e le Scritture ci hanno detto che "Colui che conosce se stesso trascende la sofferenza" (*tarati śokam ātmavit*), ma hanno anche aggiunto che non potremo mai conoscere il Sé come se fosse un oggetto della mente o dei sensi. Così abbiamo deciso che il modo migliore per riuscirci sia procedere per eliminazione, rimuovere tutto ciò che non può essere il Sé. A questo scopo abbiamo adottato la tecnica che consiste nel distinguere tra noi stessi e gli oggetti sperimentati, avendo compreso la verità logica che il soggetto sperimentatore non può mai essere l'oggetto sperimentato. In questo modo, abbiamo eliminato le consuete congetture: il corpo fisico, la forza vitale che anima il corpo, la mente e l'intelletto, il senso dell'io che ci porta ad affermare: "Io sto facendo", "Io sto sperimentando" o "Io sto pensando". Abbiamo persino eliminato la felicità sperimentata sapendo che non può essere il nostro Sé. Tutto questo per la stessa ragione, in base a una logica infallibile: "Poiché è l'oggetto della nostra esperienza, non può essere noi". È a questo punto che alcuni cominciano a sentirsi a disagio perché tale operazione ci dà la sensazione di non essere nulla, come una cipolla senza centro. Tutto ciò che conoscevamo l'abbiamo negato con la logica, "sbucciato" ed eliminato come "non io".

L'idea che, in fin dei conti, non siamo nulla si chiama *śūnya-vāda*, la teoria del vuoto. In effetti, alcuni grandi logici hanno concluso che questa è la realtà. Per fortuna, logici ancora più grandi, come Śaṅkarācārya, sono venuti in nostro soccorso con la parabola del decimo uomo.

Dieci *brahmacārī* desideravano andare in pellegrinaggio in un tempio a circa un giorno di viaggio. Il guru incaricò il discepolo più anziano di assicurarsi che tutti tornassero sani e salvi. Dopo alcune ore di cammino, i *brahmacārī* arrivarono davanti a un fiume che non offriva altra scelta che attraversarlo a guado. Quando arrivarono sull'altra sponda, il responsabile pensò che sarebbe stato meglio contare tutto il gruppo per essere sicuro che nessuno fosse annegato. Ma quando lo fece, contò solo nove persone. Fu preso dal panico. "Oh, no! Uno di noi è annegato? Chi manca?". Angosciato, li contò di nuovo, ma il risultato era sempre lo stesso: nove. Alla fine arrivò un barcaiolo del villaggio che, nel vedere tutti i *brahmacārī* sconvolti, chiese quale fosse il problema. Il più anziano gli spiegò la situazione. Scoppiando a ridere, il barcaiolo esclamò: "Stupido, non ti sei contato. Sei tu il decimo uomo[10]!".

[10] La parabola del decimo uomo è narrata da Śaṅkarācārya nel suo commento alla *Bṛhadāraṇyaka Upaniṣad* (1.4.7) e alla *Taittirīya Upaniṣad* (2.1.1), come pure nel suo trattato dal titolo *Upadeśa Sāhasrī*. La storia completa si trova nel settimo capitolo del *Pañcadaśī*, un trattato scritto nel XIV secolo da Swāmī Vidyāraṇya.

Questo è esattamente quello che ci accade quando, dopo aver distinto tra noi e i *pañcakośa*, ci facciamo prendere dal panico e pensiamo: "Mio Dio, i nichilisti avevano ragione! In fin dei conti, solo il nulla esiste, tutto è nulla!". Per fortuna, in questo caso, proprio come quel discepolo più anziano, non stiamo contando noi stessi.

Così, anche nel cosiddetto *śūnyaṁ* (il vuoto, la vacuità), in realtà, noi siamo sempre lì e osserviamo il *śūnyaṁ*. Se non ci fossimo, chi osserverebbe il *śūnyaṁ*? Così, perfino quando eliminiamo tutti gli oggetti della nostra esperienza, ciò che resta siamo noi, il soggetto ultimo, l'osservatore, la coscienza-testimone. Questa è ciò che siamo: la pura e assoluta coscienza che non è mai un oggetto, ma sempre il soggetto. Amma dice: "Quando si fa l'esperienza che 'Io non sono il corpo, io sono il Sé, la pura coscienza', allora sorge la vera conoscenza".

Per quanto semplice possa sembrare sulla carta, questa conoscenza non è facile da assimilare perché tutto ciò che conosciamo da tempo immemorabile è sempre stato un oggetto. Così, è naturale cercare di conoscere l'*ātmā* al pari di un altro oggetto. Tuttavia, conoscere il Sé non è come conoscere un oggetto perché la "cosa" da conoscere non è affatto una "cosa", ma il Conoscitore di ogni cosa. In tutte le altre forme di conoscenza, l'entità che cerchiamo di conoscere viene oggettivata, mentre qui intuiamo che essa è il soggetto.

Negare tutti i fenomeni percepiti e giungere alla conclusione che siamo la coscienza-testimone è l'essenza dello *stotraṁ Nirvāṇa Ṣaṭakam* scritto da Śaṅkarācārya e cantato abitualmente da Amma:

manobuddyahaṅkāra cittāni nāhaṁ na
ca śrotra-jihve na ca ghrāṇa-netre | na ca
vyoma bhūmirna tejo na vāyuḥ cid-ānanda-
rūpaḥ śivo'haṁ śivo'ham ||

na ca prāṇa-saṁjño na vai pañca-vāyuḥ na
vā sapta-dhātuḥ na vā pañcakośaḥ | na vāk-
pāṇi-pādaṁ na copasthapāyu cid-ānanda-
rūpaḥ śivo'haṁ śivo'ham ||

na me dveṣa-rāgau na me lobha-mohau
mado naiva me naiva mātsarya-bhāvaḥ |
na dharmo na cārtho na kāmo na mokṣaḥ
cidānanda-rūpaḥ śivo'haṁ śivo'ham ||

> Non sono la mente né l'intelletto, non sono l'ahaṅkāra né la memoria, non sono le orecchie, né la lingua, né il naso, né gli occhi; non sono l'etere, né la terra, né il fuoco, né l'acqua, né l'aria. Sono Śiva, la pura Coscienza-Beatitudine, sono Śiva!
>
> Non sono ciò che viene chiamato *prāṇa*, né i cinque soffi vitali, non sono i sette elementi del corpo, né i cinque *pañcakośa*; non sono l'organo della parola, né le mani, né i piedi e neppure gli organi genitali. Sono Śiva, la pura Coscienza-Beatitudine, sono Śiva!
>
> Non ho desideri né preferenze, non provo avidità, né delusione, né arroganza, né gelosia. Non ho bisogno del *dharma*, della sicurezza, del piacere, né della liberazione. Sono Śiva, la pura Coscienza-Beatitudine, sono Śiva.

Il processo di negazione descritto in questi versi ci lascia con la convinzione che noi siamo il solo elemento che rimane quando tutto il resto viene negato: siamo la pura coscienza. Tuttavia Śaṅkarācārya non dice semplicemente *cid-rūpa*, la cui natura è coscienza, dice *cid-ānanda-rūpa*, la cui natura è coscienza-beatitudine. E all'inizio della nostra ricerca, cosa cercavamo? Non la coscienza. La nostra ricerca, la ricerca di tutta l'umanità, è la beatitudine, la felicità, la pace, l'amore incondizionato. Giusto? Dunque, dove trovare la beatitudine?

In verità, *ātma-anātma viveka*, discernere [tra il Sé e il non Sé], ci dona tantissima pace e felicità. Riuscire a condurre questo processo che porta a discernere chi siamo come qualcosa di diverso dal complesso corpo-mente è davvero un grande salto in avanti nel nostro progresso spirituale. Infatti è attraverso il discernimento che arriviamo a capire che tutti i cosiddetti "nostri" problemi non sono affatto "nostri". I problemi fisici che riguardano la salute, il nostro aspetto e così via riguardano il corpo fisico e il suo funzionamento, non noi. I problemi emotivi quali la collera, la gelosia, il complesso d'inferiorità e l'ansia, riguardano la mente, non noi. E così pure i problemi cognitivi, di memoria, di comprensione e così via. Non appartengono a noi. Che dire allora dei problemi relazionali, delle difficoltà con gli amici, con la famiglia e i colleghi? Questi problemi sono nostri, riguardano la pura coscienza? No, non è possibile.

Tutte le relazioni si basano sul corpo e sulla mente, sono connessioni a livello fisico, emotivo o intellettuale. Quindi, anche questi problemi non sono nostri. Come dice Amma: "Quando sappiamo di essere al di là di questo corpo, di essere quel Principio eterno, la Coscienza suprema, e che niente può toccare la nostra vera natura, l'insicurezza svanisce. Con una tale convinzione è possibile non avere paura in qualunque situazione. Anche nel corso di un terremoto o di uno tsunami si manterrà un atteggiamento di accettazione, avendo compreso che ciò che accade colpisce solo la sfera esterna e che nulla può toccare il nostro vero Sé. A quel punto saremo in grado di superare tutti i tipi di paure e insicurezze, che sia la paura di perdere lo status raggiunto o la paura della morte. Tutte queste paure scompaiono quando conosciamo la nostra vera natura, non soggetta a tutti questi mutamenti. Quando capiamo che nulla può alterare questo Principio eterno, non proviamo paura in nessuna situazione. Tutte le esperienze come la felicità e il dolore, l'insulto e l'elogio, il caldo e il freddo, la nascita e la morte, ci attraversano semplicemente. Non rimaniamo coinvolti, avendo assunto l'atteggiamento del testimone, il substrato stesso di tutta l'esperienza, che osserva tutto quello che accade come un bambino giocoso".

Naturalmente, è in Amma che vediamo quanto si possa essere in pace quando non ci si identifica con il complesso corpo-mente e con gli infiniti problemi del mondo. Porterò un esempio. In Kerala c'è molta stampa scandalistica in malayalam. La maggior parte di queste piccole riviste è senza dubbio asservita a una ideologia. Non si sa perché, ma l'idea che esista una cosa chiamata realizzazione del Sé che culmina in un divino altruismo è un abominio per alcuni gruppi, che di tanto in tanto prendono di mira Amma con articoli privi di fondamento. Perfino recentemente, qualcuno ha scritto che Amma ha proclamato che non morirà mai perché prima che accada si trasformerà in una pietra nera. (Il tizio che lo ha scritto ha chiaramente una pietra al posto del cervello!). È chiaro che Amma non direbbe mai una cosa simile. Quel tizio voleva solo cercare di mettere Amma in cattiva luce e far nascere dubbi nella fede dei devoti. A quel punto, i devoti avrebbero forse considerato la possibilità di schierarsi con il suo partito politico, che è decisamente ateo e afferma che non esiste una cosa chiamata realizzazione del Sé.

Circa trent'anni fa, uno di questi giornali scrisse una storia piena di malignità in cui veniva attaccata la figura di Amma. All'epoca, i giornali erano una rarità nell'āśraṁ, ma alcuni devoti che avevano letto l'articolo erano rimasti molto male e me ne parlarono. Quando lo lessi, mi arrabbiai anch'io e non appena ebbi l'occasione andai da Amma per informarla di ciò che era stato scritto. L'accusa principale era che Amma e i residenti dell'āśraṁ avevano scavato un tunnel sotto l'āśraṁ per trasportare droga al largo, in mezzo al Mar Arabico, dove una nave, guidata dalla CIA, sarebbe arrivata e l'avrebbe portata in America. Il "giornalista" aveva anche utilizzato il nome di nascita di Amma, Sudhamani, in modo irrispettoso.

Appena finii di darle questa notizia, Amma disse: "Ma, figlio, tu sai che nessuna di queste cose è vera. Perché ne sei così turbato?".

"Amma, non importa. Non posso sopportare che insultino il tuo nome", risposi.

E allora Amma disse qualcosa che mi sconcertò. "Perché dovrei sentirmi insultata? Io non sono Sudhamani".

Questa era un'espressione del *viveka* di Amma. Amma mi stava ricordando che lei è identificata con la pura Coscienza, il Sé. Se qualcuno pensa di attaccarla deridendo o calunniando quel corpo femminile alto un metro e mezzo, dalla carnagione scura e con un anello da naso, allora è uno sciocco.

Un regista che stava girando un documentario sull'armonia tra le varie religioni chiese ad Amma di presentarsi dicendo: "Buongiorno, mi chiamo Sri Mata Amritanandamayi Devi. Sono indiana e sono una leader spirituale e umanitaria indù". Amma non ha mai detto niente del genere in vita sua e quindi scoppiò a ridere quando il documentarista le domandò di pronunciare questa frase. Tuttavia, quando in seguito si rese conto che il documentario era formato da diverse sezioni in cui persone di varie religioni si presentavano in questo modo, provò compassione per il regista. Non volendo rovinare i suoi piani, disse inaspettatamente: "Questa forma visibile che la gente chiama

'Amma' o 'Mata Amritanandamayi Devi' non è altro che il Sé interiore che non ha nome né indirizzo. È onnipervadente".

Attraverso l'*ātma-anātma viveka* dobbiamo lentamente iniziare a cercare di vedere le cose in questo modo. Ciò non significa rinunciare ad adempiere alle nostre responsabilità. Dobbiamo fare del nostro meglio per gestire la maggior parte dei nostri problemi in modo *dharmico*. Dobbiamo mantenere le nostre relazioni, prenderci cura della nostra salute, della nostra famiglia e del nostro conto in banca. Dobbiamo svolgere i nostri doveri sul lavoro e, come aspiranti spirituali, impegnarci a coltivare e mantenere una mente disciplinata, serena e ricca di valori. Ma a chi spetta tale dovere? Anche in questo caso, non a noi. È un dovere dell'*ahaṅkāra*, dell'ego. Noi siamo colui che osserva gli sforzi dell'*ahaṅkāra*, i suoi successi e insuccessi.

Se contempliamo tali questioni in questo modo, scopriamo che questa nostra riflessione crea, se non altro, un piccolo spazio tra noi e i nostri problemi. Aderendo a questa visione, questo spazio diventa progressivamente più ampio. Sul piano dell'ego, continuiamo ad adempiere ai nostri doveri esteriori e interiori, ma sul piano del vero Sé appena scoperto non dobbiamo fare nulla: siamo il testimone che non è mai turbato, anche se la mente è agitata. Qualsiasi cosa osserviamo, anche la mente in preda allo stress e alla tensione, non è noi: noi siamo unicamente la coscienza-testimone.

In questa maniera arriviamo a ridurre l'intero universo a due sole entità: noi stessi, la coscienza-testimone che non è sperimentabile, e tutto il resto. Attualmente, ci viene spontaneo classificare come mondo tutto ciò che è esterno al nostro corpo. Tuttavia, in questo primo stadio del *Vedānta*, stiamo imparando a riportare nel mondo esteriore tutto ciò che prima consideravamo, per mancanza di discernimento, parte di noi. Non ci identifichiamo più con il corpo, la forza vitale, la mente, l'intelletto e neppure con la sensazione di essere l'autore delle azioni. Proprio come finora avevamo percepito e considerato il mondo separato da noi, così adesso stiamo imparando a percepire il complesso corpo-mente separato da noi. Esso è, semplicemente, una parte del cosmo, un frammento dell'universo con il quale io, la Coscienza, l'Osservatore, abbiamo un contatto più intimo. Questa visione è espressa in diversi punti nella *Gītā*:

> naiva kiṁcit-karomīti yukto manyeta tattvavit | paśyañśṛṇvan-spṛśaṇ-jighran aśnan-gacchan-svapañśvasan || pralapan-visṛjan-ghṛṇan unmiṣan-nimiṣannapi | indriyāṇīndriyārtheṣu vartanta iti dhārayan ||
>
> Il saggio che è centrato nel Sé dovrebbe pensare: 'Io non faccio assolutamente nulla' mentre guarda, ascolta, tocca, annusa, mangia, cammina, dorme, respira, parla, evacua, afferra, apre e chiude gli occhi, ricordando che sono i sensi ad interagire con gli oggetti[11].

E ancora:

> tattvavit-tu mahābāho guṇa-karma-vibhāgayoḥ | guṇā guṇeṣu vartanta iti matvā na sajjate ||
>
> Ma chi conosce la verità, o possente guerriero, e sa che il Sé è completamente distinto dai guna e dalle azioni, pensa: 'Sono gli organi di senso che interagiscono con gli oggetti dei sensi' e non prova attaccamento[12]".

---

[11] Bhagavad-Gītā, 5.8-9

[12] Ibid, 3.28

Questa è infatti la nostra esperienza ogni volta che ci svegliamo. Nel sonno senza sogni, quasi tutto ciò di cui si può fare l'esperienza è stato dissolto: il mondo è scomparso, il nostro corpo e i nostri sensi non ci sono più. Anche la nostra mente e la nozione di essere un individuo sono spariti. L'unica esperienza che permane è la nescienza e una pace senza tempo, piena di beatitudine. Al nostro risveglio, però, tutti i fenomeni osservabili ritornano. Il primo a riapparire è l'*ahaṅkāra*, il senso dell'io, in quanto individuo limitato. Ancora prima di aprire gli occhi ritorna la memoria che ci ricorda le relazioni che abbiamo con gli altri e con il mondo e, al tempo stesso, le responsabilità legate a queste relazioni. Improvvisamente ricordiamo che dobbiamo andare al lavoro, dar da mangiare al cane, portare i bambini a scuola, ecc. A questo punto apriamo gli occhi e appare il mondo, il mondo che abbiamo sempre considerato come "altro" da noi. Se però riflettiamo su questo processo di risveglio, possiamo vedere che anche tutti questi altri livelli di esperienza sono "altro da noi".

A questo proposito ricordo una storiella: un uomo fu portato in tribunale perché aveva preso a calci un altro uomo. Dopo aver ascoltato la versione del querelante, il giudice chiese all'imputato: "Perché l'ha fatto?". L'uomo rispose: "Non sono stato io, è stata la mia gamba a farlo". Guardando l'imputato, il giudice esclamò sorridendo: "D'accordo, furbacchione. Allora la gamba può andare in prigione, con o senza di lei!". Senza battere ciglio, l'imputato si alzò, rimosse l'arto artificiale e lo consegnò al giudice.

Non prendete alla lettera questa storiella. Un vero *Mahātmā* non commetterebbe mai un crimine né cercherebbe di sottrarsi alle responsabilità solo perché non si identifica con il corpo. Gli anni che ha impiegato a disciplinare la mente e i sensi per raggiungere e dimorare in questo stato lo hanno reso incapace di fare del male agli altri con il pensiero, le parole o le azioni. Inoltre, vedendo tutti gli esseri come un tutt'uno con lui, non può far male nemmeno a una mosca. L'assistente di Amma, Swamini Srilakshmi Prana, dice che Amma le ha persino detto di cercare di far uscire le zanzare dalla stanza portandole sulle mani. Tale è la compassione di un'anima che ha davvero realizzato il Sé. La storiella dell'uomo con una gamba sola vuole semplicemente mostrare come, dalla prospettiva dell'*ātma-jñānī*, il corpo, la mente e persino il senso di essere l'autore e il fruitore delle azioni appartengono solo al mondo e non sono lui.

Più saremo in grado di fare questa distinzione, più saremo in pace e felici perché non identificandoci più con il corpo, la mente e l'intelletto ci distanziamo letteralmente da tutti i problemi che si presentano nella nostra vita. Cessiamo di essere così identificati con le nostre azioni e i loro risultati. È questa identificazione la causa di tutto il nostro stress, di ogni nostra tensione e paura. Quindi, se siamo alla ricerca della pace e della felicità, ci sarà di grande aiuto utilizzare la tecnica dell'*ātma-anātma viveka* per realizzare il vero Sé.

A quel punto, avremo già fatto un grande progresso.

4

Sono già illuminato?

Nel nostro viaggio verso la pace e la felicità abbiamo fatto un enorme balzo in avanti: abbiamo ridotto tutta la realtà con i suoi infiniti aspetti a due soli elementi: l'*ātmā* e l'*anātmā*. Queste due entità hanno diversi nomi: Sé e non Sé, spirito e materia, *puruṣa* e *prakṛti*, *sākṣī* e *sākṣyaṁ* (il testimone e ciò di cui è testimone), *dṛg* e *dṛśyaṁ* (colui che vede e ciò che è visto) e così via.

Qualunque siano i nomi impiegati, in definitiva non sono altro che "noi" e "il mondo". Abbiamo dunque già fatto molta strada.

Ma è questa conoscenza ciò che intendiamo con *ātma-jñānaṁ*? È questa la fine del nostro viaggio? Certo, ora ci definiamo in un altro modo: prima pensavamo di essere costituiti dalla coscienza e dal sistema corpo-mente, mentre ora sappiamo di essere pura coscienza. Il nostro obiettivo non era acquisire una conoscenza di chi siamo più profonda e corretta?

In effetti, in alcune scuole di pensiero spirituale questa divisione è il punto culminante. Tuttavia, l'*Advaita Vedānta* sostiene che tale conoscenza è terribilmente incompleta perché, anche se siamo giunti alla conclusione che la nostra vera natura è pura coscienza, abbiamo ancora poca o nessuna comprensione di questa natura. Inoltre, è evidente che siamo sempre nella dualità. Ridurre il mondo a due entità non equivale a ridurlo a una sola, e tutti i Maestri spirituali come Amma e Ādi Śaṅkarācārya affermano, inequivocabilmente, che la verità ultima è *advaita*, non duale.

A questo punto potremmo chiederci se sia davvero necessario conoscere la nostra natura in modo così dettagliato. Non è sufficiente avere una conoscenza generale, sapere che siamo pura coscienza?

Sebbene una conoscenza generale del Sé sia utile, ci lascia insoddisfatti. Ritorniamo al dialogo tra Maitreyī e Yājñavalkya che costituisce l'introduzione di questo libro. Quando

Yājñavalkya offrì a Maitreyī la metà delle sue ricchezze, lei gli chiese:

> yannu ma iyaṁ bhagoḥ sarvā pṛthivī
> vittena pūrṇā syāt
> syāṁ nvahaṁ tenāmṛtā'ho neti |
>
> Signore, se questa terra piena di tesori diventasse mia, potrei in tal modo diventare immortale[13]?

Maitreyī aveva capito che, se non fosse diventata immortale, tutti i tesori della Terra non avrebbero più avuto alcun valore per lei alla sua morte. La domanda di Maitreyī si riferiva alle comodità e ai piaceri materiali, ma anche noi possiamo porci la stessa domanda dopo avere scoperto che la nostra vera natura è pura coscienza: "Questa pura coscienza che noi siamo è eterna oppure no?". Si tratta di una domanda importante perché, anche se dal punto di vista supremo possiamo non essere toccati e rimanere distaccati dal corpo, dalla mente, dai sensi e dagli oggetti sensoriali, se la coscienza si spegne con la morte del corpo, allora che differenza c'è

---

[13] Bṛhadāraṇyaka Upaniṣad, 4.5.3

tra la nostra visione delle cose e quella di un ateo? Come può la spiritualità liberarci dalla paura se abbiamo sempre il timore, conscio o inconscio, della nostra fine inevitabile? Quindi, almeno per quanto riguarda la nostra longevità, è necessario conoscere la natura sostanziale di questa coscienza.

Inoltre, se noi siamo pura coscienza, che ne è dei nostri cari? Sono anche loro pura coscienza? Se sì, la pura coscienza che noi siamo è diversa dalla loro pura coscienza? E cosa s'intende per questa "unità" di cui parlano i maestri spirituali? Tutte queste domande trovano risposta solo se abbiamo affinato la conoscenza generale della nostra natura, entrando nel dettaglio e nello specifico.

All'inizio del nostro viaggio scegliemmo la tecnica *dṛg-dṛśya viveka* per giungere a conoscere la nostra vera natura perché questo metodo non richiedeva la conoscenza delle Scritture del *Vedānta* né la fede negli insegnamenti dei maestri spirituali. L'unico requisito era osservare e applicare la logica. In effetti, la logica ci è stata molto utile sebbene la pura logica non sia sufficiente nel nostro cammino. Come dice la *Kaṭha Upaniṣad*:

> naiṣā tarkeṇa matirāpaneyā proktānyenaiva sujñānāya preṣṭha |
>
> Mio caro, questa conoscenza non può essere acquisita con la logica.
> Solo se impartita da altri, da chi è stabilito nella Verità, diventa una conoscenza cristallina[14].

Questo non significa che rifiuteremo la logica; continueremo a utilizzarla in quanto strumento indispensabile. Invece di impiegarla solo per analizzare i dati ottenuti attraverso gli organi di senso, la useremo anche per analizzare i dati acquisiti dalle Scritture.

Quando nel *Vedānta* si parla della conoscenza del Sé, compaiono spesso le parole *śrutiyukti-anubhava*, ovvero, la necessità di utilizzare le *śruti* (le verità delle Scritture), la *yukti* (logica) e l'*anubhava* (l'esperienza). Pur ricorrendo a tutte e tre, rimaniamo della convinzione che *ātma-jñānaṁ* si acquisisce solo attraverso la conoscenza delle verità delle Scritture. In questo caso, la logica e l'esperienza passano

[14] Katha Upanishad, 1.2.9

in secondo piano. Usiamo ancora la logica, ma per difendere principalmente la visione del guru e delle Scritture rispetto a punti di vista opposti e ad altre teorie confuse. La logica e l'esperienza non possono rivelarci la Verità, ma non possono nemmeno negarla. Se sembrano negarla, allora è probabile che abbiamo mal compreso l'insegnamento, o la nostra logica è difettosa, o abbiamo mal interpretato la nostra esperienza. Non bisogna rifiutare mai la logica né il valore della nostra esperienza oggettiva, ma capire invece i loro limiti.

Difatti questo è uno dei motivi per cui il *Vedānta* non dovrebbe mai essere studiato senza un guru. Senza un maestro, qualsiasi conoscenza acquisita è frutto unicamente della percezione sensoriale e della pura logica poiché non abbiamo accesso alla Verità ultima, irraggiungibile attraverso la conoscenza sensoriale e la logica. Śaṅkarācārya sottolinea sempre questo punto. Nel suo commento introduttivo alla *Kena Upaniṣad*, dice che questo è uno dei motivi per cui le Scritture si presentano quasi sempre sotto forma di dialogo tra un discepolo e un guru. "L'insegnamento", afferma Śaṅkarācārya, "viene impartito sotto forma di domande e di risposte tra uno studente e il maestro affinché sia più facile da comprendere perché si tratta di un argomento sottile e anche per mostrare che non lo si può conoscere affidandosi a una logica indipendente[15]".

Nell'indagine spirituale, l'analisi del Sé imperniata sulla logica indipendente può essere tragicomica. Questa storiella divertente di Amma lo illustra molto bene. Qualcuno offrì ad un asino un secchio d'acqua e un secchio di whisky. Nel vedere che l'asino beveva solo l'acqua, arrivò a questa conclusione logica: "Chi non beve alcol è un somaro".

Scherzi a parte, il fatto che l'autoanalisi logica può portarci solo fino a un certo punto nella vita spirituale è ciò che Amma intende quando afferma che la testa e il cuore debbono agire d'accordo.

"L'intelletto è come un paio di forbici", dice Amma, "La sua natura è quella di tagliare e dividere ogni cosa. Il cuore, invece, è come l'ago che unisce gli oggetti e le persone sull'unico

[15] śiṣyācārya-praśna-prativacana-rūpeṇa kathanaṁ tu sūkṣma-vastu-viṣayatvāt sukha-pratipatti-kāraṇaṁ

filo dell'amore. Quando diamo più importanza all'intelletto, la vita inaridisce: è l'amore che dona senso e dolcezza alla vita. Amma non sta dicendo che l'intelletto non è necessario. Entrambi hanno una loro funzione e importanza".

Con le forbici dell'intelletto separiamo noi stessi, la pura coscienza, dal mondo esterno e da tutti gli altri aspetti di noi che avevamo erroneamente considerato "nostri". Tuttavia questo processo non è quello finale perché per rendere completa la nostra conoscenza abbiamo bisogno dell'ago di cui parla Amma. È solo usando questo ago che possiamo lasciarci alle spalle la dualità (*dvaita*) ed approdare all'unità, alla non dualità (*advaita*). Perché Amma sostiene l'importanza del cuore in questo cammino? Perché nel percorrerlo ci accorgiamo che la fede negli insegnamenti del guru e nelle Scritture è essenziale.

5

L'ago e il filo del cuore

Con l'intelletto abbiamo ridotto chi siamo alla coscienza-testimone. Tuttavia, come abbiamo visto, poiché questa coscienza-testimone è sempre il soggetto e mai l'oggetto, la sua natura non può essere conosciuta dai sensi o dalla mente.

Tutto ciò che conosciamo proviene direttamente dai nostri sensi quali ad esempio la vista e l'udito, o indirettamente tramite le varie funzioni cognitive come la deduzione, la supposizione, il confronto e così via[16]. La conoscenza indiretta necessita dei dati forniti dai sensi. Ecco perché è necessaria la fede per compiere il passo successivo: il guru e le Scritture sono infatti

---

[16] L'epistemologia vedantica afferma che vi sono sei validi strumenti di conoscenza (*pramāṇam*): la percezione diretta (*pratyakṣa*), la comparazione (*upamāna*), la non percezione (*anupalabdhi*), la deduzione (*anumānam*), il postulato (*arthāpatti*) e la testimonianza di un'autorità religiosa o dei Veda (śabda).

le nostre uniche fonti di dati sulla particolare natura dell'*ātmā*.

Il *Vedānta* parla di due tipi di conoscenza: *pauruṣeya* e *apauruṣeya*. In sanscrito, *puruṣa* significa essere umano e *pauruṣeya* ciò che proviene da un essere umano. Per esempio, il fatto che il fuoco sia caldo è una conoscenza *pauruṣeya*, cioè una conoscenza facilmente accessibile a tutti gli esseri umani. Ogni persona le cui facoltà funzionino correttamente può imparare che il fuoco è caldo e condividere poi tale conoscenza con altri esseri umani. Indipendentemente dall'avere appreso che il fuoco è caldo per essere entrato in contatto con il fuoco o grazie all'avvertimento di qualcuno, l'origine di tale conoscenza è *pauruṣeya*: trasmessa da un essere umano.

Prendiamo invece la legge del karma, basata sul concetto che ogni nostra azione produce non solo un effetto grossolano causato da un'azione fisica, ma anche uno sottile e differito legato alla nostra motivazione. Anche se nella spiritualità viene indicato con il termine "legge", il karma non è un dato di fatto, come "il fuoco è caldo", che può essere verificato da ogni individuo. Il karma può essere teorizzato, ma non conosciuto in modo categorico. Così, la legge del karma non è una conoscenza di natura *pauruṣeya* bensì *apauruṣeya*, una conoscenza la cui autorevolezza non ha origine nell'essere umano. La conoscenza *apauruṣeya* ha due uniche fonti: le Scritture rivelate come i *Veda* e coloro che hanno conseguito tale conoscenza.

La maggior parte dei guru ha acquisito la propria conoscenza attraverso il lignaggio guru-discepolo. Tuttavia, le *Upaniṣad* stesse portano esempi di *ātma-jñānī* che hanno realizzato il Sé da soli, come Vāmadeva, che raggiunse l'illuminazione mentre era ancora nel grembo materno[17]. Si dice che Vāmadeva abbia studiato con un guru nella sua vita precedente, ma che vi fossero ancora alcuni ostacoli karmici alla sua comprensione quando morì. Questi impedimenti furono rimossi quando si reincarnò e quindi giunse all'illuminazione nell'utero. Risalendo alla fonte degli insegnamenti delle *Upaniṣad*, scopriamo che esse ebbero origine da Dio stesso che insegnò al primo discepolo. Quindi, se la vostra mente fosse sufficientemente pura,

[17] Aitareya Upaniṣad, 2.1.5

potreste conseguire l'*ātma-jñānaṁ* senza un guru, in quanto Dio stesso verrebbe a insegnarvi. Nel caso di Amma, lei dice: "Sin dalla nascita, Amma conosceva la sua vera natura e la natura di questo mondo". Come aveva ottenuto questa conoscenza? Ogni persona ha una risposta diversa: alcuni credono che Amma sia una avatara della Madre Divina e, in quanto tale, detentrice di tutta la conoscenza. Qualunque sia la ragione, è evidente che Amma possieda questa conoscenza e sappia mirabilmente trasmetterla ad altri, chiarendo i loro dubbi.

Ricordo che molto tempo fa degli studiosi non erano d'accordo con Amma su un tema di natura *apauruṣeya*: consentire alle donne di celebrare alcuni rituali, andando così contro la tradizione. Come si permetteva di prendere tale decisione? Poiché l'efficacia del rituale è di natura *apauruṣeya*, anche le norme che lo regolano lo sono. Quando questi eruditi rifiutarono il punto di vista non ortodosso di Amma, lei rispose affermando di avere una fonte valida che lo rendeva accettabile. Qual era? Amma disse: "Śiva mi ha detto che andava bene".

Qui, è importante comprendere che la domanda fondamentale non è come fece Amma a conseguire l'*ātma-jñānam* (la conoscenza del Sé), ma come noi potremo conseguirla. Abbiamo due scelte: studiare le Scritture e gli insegnamenti del nostro guru avendo fede in essi, oppure mettere da parte la tradizione e sperare solo di svegliarci un bel mattino illuminati. È però ben chiaro cosa pensino le *Upanishad* di coloro che sperano di raggiungere la conoscenza del Sé senza un guru:

avidyāyām-antare vartamānāḥ svayaṁ
dhīrāḥ paṇḍitaṁ manyamānāḥ |
jaṅghanyamānāḥ pariyanti mūḍhā
andenaiva nīyamānā yathā'ndhāḥ ||

Immersi nell'ignoranza, pensando:

'Siamo brillanti e dotti', questi sciocchi vagano storditi qua e là, come ciechi guidati da un cieco[18].

Forse potremo arrivare a scoprire il teorema di Pitagora da soli, ma non sarebbe più facile

[18] Muṇḍaka Upaniṣad, 1.2.8 e (con una parola cambiata) Kaṭha Upaniṣad, 1.2.5

se studiassimo l'algebra con un professore di matematica? Come dice Amma: "Anche per imparare ad allacciarci le stringhe delle scarpe abbiamo bisogno di qualcuno che ce lo insegni. Che dire allora dell'apprendere la realtà ultima dell'universo?".

Questo è un tema costantemente dibattuto. Forse la storia che segue potrebbe essere l'ultima parola a riguardo: un giorno, nell'āśram, vi fu un'accesa discussione sulla necessità o meno di un guru e delle Scritture. Un visitatore era assolutamente convinto che nessuna delle due fosse necessaria e come prova finale disse: "Buddha e anche la vostra Amma non hanno avuto bisogno di un guru!". A quel punto, uno dei *brahmacārī* replicò: "Se pensi di essere un Buddha o una Amma, buona fortuna!".

Qual è la vera natura di Dio? Qual è la vera natura dell'universo? Qual è la vera natura dell'anima, dell'Io? Qual è la fonte ultima del nostro senso di essere limitati, frustrati e prigionieri? Come superare queste sensazioni completamente e in modo definitivo? Quali strumenti impiegare? Qual è lo scopo della vita umana? I filosofi elaborino pure teorie e speculazioni su tali argomenti, ma se aspiriamo alla vera conoscenza, dobbiamo rivolgerci alle *Upaniṣad*, ai testi ausiliari come la *Bhagavad-Gītā* e alle parole di *Mahātmā* come Amma. Solo loro possono trattare tali questioni con convinzione e autorevolezza. Se la purezza mentale bastasse per conoscere la natura sostanziale della coscienza, il Sé, perché allora, nella *Kaṭha Upaniṣad*, Naciketā, considerato l'emblema del distacco e della purezza mentale, avrebbe sprecato uno dei favori accordatogli dal dio della morte per chiedergli quale fosse la natura del Sé[19]? La purezza mentale è certamente necessaria, ma anche se l'avessimo, è indispensabile avere un guru che trasmetta la saggezza.

Ecco perché occorre la fede per compiere il prossimo passo. Infatti, la fede, *śraddhā*, è uno dei requisiti fondamentali per chi studia il

[19] La Kaṭha Upaniṣad descrive un dialogo tra Naciketā, un giovanissimo discepolo, e il dio della morte Yama, il suo guru. In questa storia, Yama concede a Naciketā tre grazie. Il fanciullo chiede a Yama, come terza grazia, di chiarire i suoi dubbi sulla natura dell'ātmā.

Vedānta[20]. La fede è indispensabile perché se non avremo fede nelle Scritture e nelle parole del guru non le considereremo fonti valide di conoscenza. Di conseguenza, la conoscenza della nostra vera natura non diventerà mai solida, ma sarà costellata di dubbi. Quindi, è essenziale essere fermamente convinti che le verità enunciate dalle Scritture siano esatte. Non ci riusciremo mai se consideriamo la conoscenza del Sé da loro esposta come semplici "possibili teorie".

A tale proposito, Amma afferma che la fede è indispensabile in ogni campo, anche in quello scientifico. Non esiste la prova risolutiva in questo mondo. Come possiamo provare che ciò che vediamo è reale? Le orecchie possono validarlo? Come possiamo dimostrare che ciò che le orecchie sentono è reale? Gli occhi

[20] Secondo la tradizione vedantica, occorrono nove requisiti affinché lo studio del Vedanta sia fruttuoso: viveka, vairāgya, mumukṣutvaṁ, śama, dama, uparama, titikṣā, śraddhā e samādhāna, ovvero discernimento, distacco, desiderio intenso per la liberazione, controllo della mente, controllo dei sensi, ritrazione dagli oggetti esterni, capacità di sopportare pazientemente le afflizioni, fede e ferma concentrazione. Tali qualità vanno sempre coltivate.

possono appurarlo? Perfino le cosiddette "leggi scientifiche" si basano sull'assunto che "non sono state confutate" perché nulla può essere provato al 100%.

Kurt Gödel (1906-1978) fu un logico, matematico e filosofo analitico considerato uno dei più importanti logici di tutti i tempi. Uno dei suoi principali contributi è costituito dai teoremi di incompletezza, che formulò a soli 25 anni. I teoremi di incompletezza stabiliscono che se abbiamo un sistema di assiomi coerenti, cioè che non si contraddicono, essi sono necessariamente incompleti. Un esempio è dato dalla congettura di Goldbach, in cui si afferma che ogni numero intero pari maggiore di 2 è la somma di due numeri primi. (Per esempio, 3+5=8. Tre e cinque sono numeri primi e otto è un numero pari). È possibile verificarlo direttamente con i numeri piccoli, lo possiamo fare anche noi. Nel 1938, un matematico decise di fare personalmente questa verifica e arrivò fino a $n < 10^5$. Utilizzando i computer, si è verificata tale ipotesi fino a $n < 4\times 101^8$. Tuttavia questa ipotesi non può essere dimostrata in modo categorico perché si dovrebbero verificare dei numeri all'infinito.

Possiamo supporre che sia vera, ma non potrà mai essere comprovata dalla nostra esperienza. In realtà, Gödel era un mistico che credeva in Dio. Per lui, i teoremi di incompletezza erano una liberazione perché richiedevano di capitolare davanti al mistero ed accettare che nella vita ci sarà sempre un elemento di mistero insondabile.

Allo stesso modo, anche le scienze naturali sono costituite da teorie e leggi, sebbene nessuna di esse sia ritenuta sacrosanta: c'è sempre l'eventualità che qualcuno le contesti. È chiaro quindi che le scienze naturali sono paragonabili a dei "lavori in corso". Mentre molte teorie scientifiche, per quanto esaminate scrupolosamente, resistono alla prova del tempo, altre, che hanno prevalso in alcune epoche, sono state gradualmente eliminate e sostituite da teorie più plausibili. Una di esse è, ad esempio, il modello geocentrico dell'universo. Come dice Amma: "La fede non è appannaggio esclusivo della spiritualità. Noi tutti sediamo qui serenamente perché abbiamo fede che non ci sarà un terremoto. Se prendiamo un aereo, è perché abbiamo fede che l'aereo non si schianterà".

Ricordo che un giorno, mentre parlavamo con Amma di alcune tra le più elevate affermazioni dell'*Advaita*, in particolare di come il vero Sé sia la fonte da cui ha origine l'intero universo, lei disse: "Questa affermazione non può essere dimostrata. Si può dimostrare la validità di una soluzione scientifica, provare qualcosa che è percepibile dai sensi, ma l'*ātmā* è al di là della scienza o di qualsiasi percezione sensoriale. Non si può provare empiricamente. È un'esperienza interiore". Poi Amma fece questo commento sagace: "Tenete presente che è la mente che vuole le prove. La mente, che è *mithyā* (irreale), chiede che venga dimostrata l'esistenza di *satyaṁ* (la realtà)!".

La fede è dunque indispensabile ed è compito di ogni ricercatore spirituale riflettere sulle verità spirituali apprese dal guru e dalle Scritture e valutarle servendosi della logica e della sua esperienza. Se vi impegnate seriamente, pian piano comincerete ad apprezzare queste verità e a considerarle teorie plausibili che non si contrappongono alla logica e alla vostra esperienza. Anche provandoci, non riuscirete a negarle. Allo stesso tempo, però, non riuscirete a provarle.

Nessuno che abbia compreso il *Vedānta* è mai riuscito a negare questa scuola di pensiero perché la logica e la nostra esperienza non possono contraddirlo. Ciò nonostante, le verità spirituali non vanno considerate come una semplice teoria di lavoro. Se lo fate, non ne sarete mai convinti. Accettatele come verità, insegnamenti perfetti che provengono direttamente da Dio. Osservate fino a che punto queste verità non contraddicono la vostra logica ed esperienza. Inoltre, notate come la vostra logica ed esperienza non sono in grado di confutarle e poi, avendo fede nella fonte da cui provengono, convincetevi che esse presentano la realtà ultima di ciò che siete.

Quindi, avere fede nelle Scritture e nel guru è come acquisire un sesto senso. Proprio come i nostri occhi ci rivelano il mondo visibile e le nostre orecchie ci rivelano quello del suono, il guru ci rivela il mondo della conoscenza *apauruṣeya*: la verità del Sé. In tal modo, le Scritture e il guru diventano come uno specchio che ci permette di vedere, per la prima volta, il nostro vero volto.

6

Il riflesso del nostro vero volto

La maggior parte delle affermazioni delle Scritture riguardanti la nostra vera natura esprimono una negazione. Prendiamo ad esempio questo famoso verso della *Muṇḍaka Upaniṣad*:

> yat-tad-adreśyam-agrāhyam-agotram
> avarṇam-acakṣuḥśrotraṁ tad-apāṇi-pādam |
>
> Quello, è impercettibile, inafferrabile, senza causa, senza qualità, privo di occhi, orecchie, mani e piedi[21].

Tutte le descrizioni indicano ciò che il vero Sé non è e sono allineate con *dṛg-dṛśya viveka*, il metodo con cui si discerne tra colui che vede e ciò che è visto. Infatti, in questo verso, la *Muṇḍaka Upaniṣad* sta negando tutto ciò che è percepibile e possiede attributi. Come abbiamo già detto, se qualcosa si può vedere, sentire, assaggiare o percepire in qualche modo, non è il vero Sé;

---

[21] Muṇḍaka Upaniṣad, 1.1.6

anche se si può afferrarla, parlarle, prenderla a calci, non è il vero Sé. Se ha un'origine, un genitore o una fonte da cui è nata, non è il vero Sé. Inoltre, se è fornita di un organo di conoscenza, come gli occhi o le orecchie, o di azione, come le mani o i piedi, non è il vero Sé.

Le Scritture usano prevalentemente questo metodo di negazione perché sanno che, quando si parla di qualcosa in senso affermativo, la si sta invariabilmente limitando in una certa misura. Che cos'è il vero Sé? Il vero Sé siete voi, niente di più, niente di meno, e quindi, se volete conoscere la sua natura, dovete prima sapere chi siete. Solo allora lo conoscerete. Ecco perché gli antichi santi e saggi pensavano che fosse più prudente aiutare le persone a comprendere ciò che il vero Sé non è invece di ciò che è. Così:

> adreśyamagrāhyam-agotram- avarṇam-
> acakṣuḥśrotraṁ tad-apāṇi-padam-
>
> Impercettibile, inafferrabile, senza causa, senza attributi, privo di occhi, orecchie, mani, piedi, ecc..

Infatti, una volta affermato che il Sé è "questo" o "quello", l'abbiamo reso un oggetto e ci mettiamo a cercarlo. Ma il Sé non è un oggetto, né in questo né in qualche altro mondo, e non è reperibile neppure in meditazione. Il Sé siete voi, il soggetto, proprio come recita il detto: "Il ricercatore è l'oggetto della ricerca". Ecco quindi che sia i maestri che le Scritture cercano di evitare il più possibile affermazioni positive.

Recentemente, un devoto si è avvicinato ad Amma durante il darśan e le ha chiesto: "Chi sono io?".

La risposta di Amma è stata immediata: "Tu sei me".

Il devoto ha sorriso, ma desiderava che Amma gli dicesse qualcosa di più. Scuotendo la testa incredulo, ha detto: "Amma puoi spiegarmelo?".

"Se lo spiego, non c'è più l'unità ma la dualità", è stata la risposta.

Questo fatto mi ha fatto venire in mente un altro episodio: qualche anno fa, durante uno dei tour di Amma in India, una ragazzina si avvicinò lateralmente ad Amma durante il darśan. Anche se il palco era stipato di gente, riuscì in qualche modo a raggiungere un lato della sedia di Amma. Dopo un po', la bimba chiese ad Amma se potesse farle una domanda.

Amma sorrise, annuì per incoraggiarla e poi si piegò verso destra in modo che la fanciulla potesse parlarle direttamente nell'orecchio. Tutti osservavano Amma mentre, con grande attenzione, annuiva ogni volta che ascoltava uno dei punti del discorso.

Non appena la bambina finì, Amma disse a tutti: "Lei dice che, secondo suo padre, Amma è Kālī, mentre invece sua madre sostiene che Amma sia la loro Madre, e lei vuole sapere chi abbia ragione tra i due!".

Amma rise di cuore assieme a tutti, sorridendo davanti a tale innocenza e poi, pizzicandole affettuosamente la guancia, domandò alla piccola: "Vuoi sapere chi è Amma?".

Spalancando gli occhi, la ragazzina annuì. Amma le disse: "Se vuoi sapere chi è *Amma*, conosci chi sei *tu* e allora saprai chi è Amma".

Voi siete il Sé. Io sono il Sé. Prendete coscienza di chi siete e siate liberi. Tuttavia se, oltre a negare ciò che non siamo, vogliamo acquisire una visione più profonda della nostra vera essenza con un'affermazione positiva e più esplicita, scopriamo che essa è rivelata dal guru e dalle Scritture. In sostanza, esse affermano che il Sé è *saccidānanda*: pura esistenza, pura coscienza e pura beatitudine.

CIT: PURA COSCIENZA

In *saccidānanda*, la parola *cit* significa pura coscienza. In effetti, eravamo già giunti a questa conclusione e trattato questo aspetto del Sé con la tecnica di *dṛg-dṛśya viveka*. Dopo aver negato tutti i fenomeni sperimentabili, siamo arrivati al Testimone che non può essere negato, la Coscienza che illumina anche la vacuità nel sonno profondo. Ad ogni modo, nelle *Upaniṣad* e nella *Bhagavad-Gītā* vi sono molte affermazioni che proclamano tale verità: *Prajñānaṁ Brahma*: la Coscienza è *Brahman*[22]; *Tacchubhraṁ Jyotiṣām-Jyotiṣiḥ*: Purezza assoluta, la Luce di tutte le luci[23]; *Yanmanasā na manute yenāhurmano matam*: Quello che l'uomo non può cogliere con la mente ma attraverso cui, si dice, la mente è conosciuta[24] e *Kṣetrajñaṁ cāpi māṁ viddhi sarva-kṣetreṣu bhārata*: O Bhārata,

---

[22] Aitareya Upaniṣad, 3.1.3

[23] Muṇḍaka Upaniṣad, 2.2.9

[24] Kena Upaniṣad, 1.5

sappi che Io sono il Conoscitore del corpo in tutti i corpi[25].

Le *Upaniṣad* sono costellate da questi preziosi aforismi che rivelano che la nostra vera natura è pura Coscienza. Questi testi proclamano all'unisono che noi non siamo il corpo, né la mente, né i sensi, né l'intelletto. Noi siamo la coscienza-testimone di fondo che illumina perennemente la loro presenza o assenza.

SAT: PURA ESISTENZA

Sat significa pura Esistenza. In genere, quando qualcuno dice "esistenza", chiediamo immediatamente: "Di cosa?". Però qui non stiamo parlando dell'esistenza come attributo di un oggetto, ma dell'esistenza stessa, dell'entità originale priva di qualsiasi nome o forma, perché l'esistenza non è un attributo del Sé. Come abbiamo visto grazie a *dṛg-dṛśya viveka*, il Sé non ha attributi. Proprio come la Coscienza non è un attributo del Sé ma il Sé stesso, così anche l'esistenza è il Sé. Questo è il significato ultimo di *sat*. Questa verità è enunciata in questo noto mantra delle *Upaniṣad*:

---

[25] Bhagavad-Gītā, 13.2

sad-eva somyedam-agra
āsīd-ekam-evādvitīyam |

All'inizio, caro ragazzo, tutto questo non era che pura Esistenza, l'Uno senza un secondo[26].

Tuttavia, quando diciamo che la natura del Sé è esistenza, intendiamo anche che il Sé è eterno. La natura eterna del Sé è proclamata in tutte le Scritture della spiritualità indiana. Infatti, questa è la prima cosa che Kṛṣṇa dice ad Arjuna sul Sé.

na tvevāhaṁ jātu nāsaṁ na tvaṁ neme
janādhipāḥ |
na caiva na bhaviṣyāmaḥ sarve vayam-ataḥ
param ||

Né io, né tu, né nessuno di questi principi regnanti abbiamo mai cessato di esistere prima, né tutti quanti cesseremo mai di essere in futuro[27].

Probabilmente, Kṛṣṇa lo disse subito ad Arjuna perché la morte è la maggiore fonte di inquietudine degli esseri umani. L'idea della morte come annientamento totale è qualcosa di intollerabile.

---

[26] Chāndogya Upaniṣad, 6.2.1
[27] Chāndogya Upaniṣad, 6.2.1

Senza la certezza della nostra immortalità, la paura di una morte imminente ci attanaglia e a volte ci sopraffà, come Tolstoj scrisse nel suo famoso trattato *La confessione*: "Posso dare un senso alla mia vita che non sia annientato dall'inevitabilità della morte che mi attende?", o come ha detto scherzosamente un comico: "Non ho paura di morire. Vorrei solo non esserci quando succede".

Per la maggior parte del tempo riusciamo ad allontanare tale paura, anche se rimane annidata nel profondo, influenzando inconsciamente i nostri pensieri, atteggiamenti e le nostre azioni. Alcuni psicologi sostengono infatti che tutte le attività umane sono, sostanzialmente, il tentativo di negare la sorte incombente mettendo la testa sotto la sabbia. Tuttavia, se abbiamo fiducia negli insegnamenti del guru e delle Scritture possiamo liberarci da tali timori perché fin dall'inizio i testi sacri ci dicono che l'*ātmā* è eterno. Nelle *Upaniṣad* troviamo ovunque aforismi che rivelano che la nostra vera natura è Coscienza ed affermazioni che proclamano gli attributi della nostra natura: *nitya* (eterna), *amṛta* (immortale), *ananta* (infinita), *śāvata* (senza tempo), *sanātana* (imperitura), *avināśa* (indistruttibile) *avayava* (inalterabile) e così via. I *Veda* sono costellati da descrizioni del nostro vero Sé.

Anche Amma sa che la maggioranza della gente ha paura della morte ed è per questo che ricorda sistematicamente in ogni suo programma che la morte del corpo non è la fine: "La morte non è un completo annientamento. È solo come il punto che mettiamo alla fine di una frase. Proprio come noi continuiamo a scrivere, la vita continua". Amma dice anche: "La morte è come uscire da uno scompartimento di un treno per entrare in un altro. Il viaggio della vita continua finché non realizziamo la nostra vera natura".

Quando si tratta di sapere se l'anima sia mortale o immortale, non possiamo affidarci completamente alla pura logica. La logica può supportare la nostra indagine, ma la conferma ultima deve provenire da una fonte che è oltre la portata della mente umana. Di questi tempi, chi crede in una vita dopo la morte è troppo spesso attaccato, tacciato di avere una fede cieca, da persone che affermano che sono tutte sciocchezze. Da un punto di vista puramente logico il dibattito finisce, in realtà, in un pareggio. Come viene detto nella *Advaita Makaranda*:

> na ca svajanma nāśaṁ vā draṣṭum-arhati kaścana |
> tau hi prag-uttarābhāva carama-prathama-kṣanau |
>
> E nessuno può assistere alla propria nascita o fine, perché entrambi sono [rispettivamente] gli ultimi istanti della non esistenza anteriore e i primi istanti di quella posteriore[28].

Nel verso appena citato, l'autore ci sta dicendo che è impossibile la prova, l'esperienza diretta, della nostra natura mortale. Per quanto riguarda la nostra morte così come la nostra creazione, se vogliamo una prova, dovremmo essere stati presenti prima della nostra nascita o dopo la nostra morte: entrambe un paradosso, una impossibilità logica. Il punto è che, se rimaniamo solo sul piano della percezione e della logica, non possiamo votare né a favore della natura mortale dell'anima né della sua immortalità. Se ci fermiamo qui, dice il *Vedānta*, ci troviamo,

[28] Advaita Makaranda, verso 15, Lakṣmīdhāra Kavi. Testo scritto nel XV secolo.

nella migliore delle ipotesi, in stallo. Tuttavia l'immortalità ha effettivamente un vantaggio perché mentre tutti noi abbiamo fatto l'esperienza di esistere, nessuno ha mai sperimentato la non esistenza. In realtà, è la non esistenza materia di favole, non la vita dopo la morte. Anche se questa riflessione dell'*Advaita Makaranda* mette sotto scacco gli atei, chi segue la filosofia vedantica (*vedāntīn)* ha più mosse attingendo alla saggezza del guru e delle Scritture, che affermano unanimi che il Sé è immortale.

Se la prova della natura eterna del Sé è basata sulla fede nel guru e sulle Scritture, esistono comunque tesi che la sostengono. Una di esse è magistralmente presentata da Śrī Kṛṣṇa nel secondo capitolo della *Bhagavad-Gītā*.

> dehino'smin-yathā dehe kaumāraṁ-
> yauvanaṁ jarā |
> tathā dehāntara-prāptiḥ dhīrastatra na
> muhyati||

> Come colui che dimora in questo corpo passa
> attraverso l'infanzia, la gioventù e la vecchiaia

> per poi assumere un altro corpo, così il saggio non rimane fuorviato da questi cambiamenti[29].

Avendo già rivelato ad Arjuna che il vero Sé non è mai nato e non muore mai, Śrī Kṛṣṇa fornisce ora un'argomentazione logica che non costituisce però una prova perché la prova della natura eterna dell'*ātmā* si trova nelle dichiarazioni inequivocabili delle *Upaniṣad* e dei guru. Ad ogni modo, questo dimostra che l'eternità dell'*ātmā* non contraddice la logica né la nostra esperienza.

Come abbiamo già detto, le verità contenute nelle Scritture (*śruti-yukti-anubhava*), se comprese correttamente, non si oppongono alla logica o alla nostra esperienza. In questo versetto, Kṛṣṇa dice che, se ci riflettiamo sopra, ci accorgiamo che il nostro vero Sé, la coscienza-testimone, dimora inalterato in tutta la nostra vita. Man mano che il corpo passa attraverso l'infanzia, l'età adulta e poi inizia il suo declino, lo stesso "io" non oggettivato, la coscienza stessa, rimane il testimone non toccato dalle trasformazioni fisiche o dai cambiamenti psichici che avvengono

[29] Bhagavad-Gītā, 2.13

durante queste fasi. Questi tre stadi, infanzia, giovinezza e vecchiaia, rappresentano le tre fasi centrali delle sei tappe di trasformazione comunemente descritte nel *Vedānta*: concezione, esistenza, crescita, maturità, declino e distruzione[30]. Se un'entità passa attraverso una di queste sei tappe, dovrà passare anche attraverso le altre cinque. Quindi, tutto ciò che nasce deve un giorno morire. Questo è certamente vero per il corpo e abbiamo visto innumerevoli corpi traversare queste sei tappe.

Tuttavia, Kṛṣṇa dice che questo principio non è valido per l'*ātmā* perché l'*ātmā* è il testimone di tutti questi mutamenti. In quanto tale, rimane sempre immutato. Ora, estendendo con la logica questa teoria, Kṛṣṇa dice che, se siamo stati testimoni imperturbati quando il corpo si è trasformato passando dalla giovinezza all'età adulta e alla vecchiaia, ovvero lo strumento è passato attraverso le trasformazioni centrali, allora dovremmo rimanere testimoni imperturbati anche durante le sue prime e ultime modifiche: la nascita e la morte. Così, poiché abbiamo già fatto

[30] I sei mutamenti [ṣaḍ-bhāva vikāras] sono: jāyate, asti, vardhate, vipariṇāmate, apakṣīyate e vinaśyati.

l'esperienza di essere testimoni inalterati di tre di queste trasformazioni, per logica dovremmo rimanere testimoni inalterati anche delle altre. Questo è uno degli argomenti logici a favore della natura eterna del Sé.

Nei tempi vedici, almeno fino all'epoca di Śaṅkarācārya, la natura eterna dell'anima era accettata quasi ovunque. I dibattiti di Śaṅkarācārya e degli altri grandi pensatori spirituali riguardavano la natura dell'anima, non la sua esistenza. Esisteva tuttavia una scuola di pensiero nota come Cārvāka Darśana[31], che era del tutto

[31] Secondo la mitologia induista, il creatore della Cārvāka Darśana fu Bṛhaspati, il guru dei *devatā*. Si dice che lo stesso Bṛhaspati non avesse accettato questa scuola di pensiero (*darśana*) e che l'avesse inventata per trarre in inganno i demoni e distruggerli così più facilmente. Il primo discepolo di Bṛhaspati fu il demone Cārvāka. Il significato letterale di Cārvāka è "colui le cui parole sono dolci da udire", riferendosi forse all'affascinante natura di una filosofia che attribuisce la massima importanza ai piaceri sensuali. I *Bārhaspatya Sūtra*, la Scrittura principale di questa scuola di pensiero, sono andati persi nel corso del tempo. Ciò che conosciamo di questa filosofia proviene da trattati di storici della filosofia, come il *Sarva Darśana Saṅgraha* di Swāmī

materialista e rifiutava il concetto dell'immortalità dell'anima. Tuttavia, tale visione era considerata così arretrata che non fu necessario impegnarsi molto per confutarla. Se Śaṅkarācārya scrivesse oggi i suoi commenti, forse Cārvāka sarebbe uno dei suoi principali oppositori. Anche se la stragrande maggioranza della gente ha fede in Dio e in una vita dopo la morte, tra di loro ve ne sono molti che nutrono anche dubbi. E naturalmente, parecchi sono convinti che la coscienza non è la natura del Sé e che dipende in qualche modo dal corpo fisico, che è un prodotto nato dal suo assemblaggio. Quando sorse questa argomentazione nei *Brahma Sūtra*, Śaṅkarācārya ritenne doveroso controbatterla con cura. Ecco, in breve, la tesi di Śaṅkarācārya.

Considerando l'*ātmā* e la coscienza identici, Śaṅkarācārya fece notare che, se la coscienza fosse un mero prodotto del corpo fisico, dovrebbe essere presente anche quando questo muore. Dopotutto, il corpo rimane per qualche tempo dopo la morte, ma nessuno lo considera cosciente. Oggigiorno possiamo aggiungere che

---

Vidyāraṇya, e dalla presentazione e dalla negazione del pensiero di Cārvāka negli scritti di altri filosofi.

anche i morti criogenicamente congelati non sono considerati coscienti. Questo mostra la fallacia logica dell'assunto in cui si afferma che, poiché facciamo esperienza della coscienza solo attraverso il corpo, esso deve esserne la fonte.

Śaṅkarācārya evidenzia poi la fallacia logica dell'argomentazione opposta: dopo aver negato l'assunto che dove c'è un corpo c'è la coscienza, adesso nega l'idea che dove non c'è un corpo, non c'è la coscienza. Dice che non notare segni della presenza della coscienza in un cadavere non significa che la coscienza sia scomparsa. Vi potrebbero essere altre ragioni per cui la coscienza non si manifesta in un morto.

Questo è un punto che Amma ripete spesso: "Quando una lampadina si brucia o un ventilatore smette di funzionare, non vuol dire che manchi la corrente. C'è ancora. Significa solo che la lampadina o il ventilatore non sono più strumenti capaci di trasmettere l'elettricità. Anche la coscienza richiede un mezzo idoneo per manifestarsi. L'*ātmā* è eterno e onnipresente. La morte non avviene perché l'*ātmā* non è più presente, ma a causa della distruzione del corpo. Al momento della morte, il corpo non è più in grado di manifestare la coscienza. La morte segna la rottura dello strumento, non un'imperfezione dell'*ātmā*".

Quindi, Śaṅkarācārya e Amma affermano che solo perché non percepiamo la coscienza in un morto non significa che la coscienza sia assente. Śaṅkarācārya si avvale di questa argomentazione non per sostenere che, all'insaputa dei vivi, l'individuo che si è avvalso del corpo rimane intrappolato nel cadavere, ma per sottolineare che l'incapacità di riconoscere la coscienza in un cadavere non è una prova valida che ne dimostra l'assenza.

Śaṅkarācārya porta poi un terzo motivo sul perché il corpo fisico non possa essere l'origine della coscienza dicendo che tutto ciò che percepiamo in questo universo – lo spazio, il vento, il fuoco, l'acqua e la terra e tutti i loro prodotti – è inerte. Pertanto, questo corpo, che è visibile ed è composto da questi elementi inerti, dev'essere logicamente inerte. In quanto tale, come può dare origine alla coscienza?

Ecco un'altra argomentazione: di norma, facciamo l'esperienza degli attributi. Se qualcuno è corpulento, vedo che il suo corpo è massiccio.

Se qualcuno puzza, sento il cattivo odore che il suo corpo emana. Se questo è il caso, se la coscienza fosse un attributo del corpo, non dovrei essere in grado di percepirla? Nessuno però ha mai percepito la coscienza di qualcun altro.

Ecco la tesi finale: per comprenderla, bisogna riprendere alcuni principi trattati parlando del *dṛg-dṛśya viveka*. Avevamo detto che il soggetto percipiente non può mai percepire se stesso. L'occhio con la sua capacità visiva è in grado di vedere innumerevoli oggetti tranne se stesso. Qui, Śaṅkarācārya modifica leggermente questo assunto dicendo che la proprietà di una data sostanza non può mai percepire la sostanza di cui è una proprietà. Questo significa che, se consideriamo il potere visivo una proprietà degli occhi, tale proprietà non può vedere gli occhi, così come la proprietà di gustare non può gustare la lingua. Seguendo questa logica, Śaṅkarācārya afferma che, se la coscienza fosse una proprietà del corpo, non potrebbe essere consapevole del corpo, ma è evidente che tutti noi siamo consapevoli di averlo. Di conseguenza, la coscienza non può essere una proprietà del corpo.

Ancora una volta, non consideriamo nessuna di queste argomentazioni la prova che la coscienza eterna è la natura del Sé o che il Sé trascende la morte, ecc. Il fatto che sia affermato nelle sacre Scritture e dal guru costituisce la prova. Tutte queste argomentazioni possono però rivelarci l'illogicità delle opinioni contrarie, che troppo spesso vengono formulate come se detenessero la supremazia assoluta sulla razionalità. La fede nelle parole del guru e delle Scritture è quindi essenziale. Se ci atteniamo unicamente alla logica basata sui dati sensoriali, non andremo da nessuna parte. Come dice bene Bhartṛhari:

> yatnenānumito'pyarthaḥ
> kuśalairanumātṛbhiḥ |
> abhiyuktatarairanyaiḥ anyathaivo papāyate ||
>
> Ciò che viene dedotto con la logica e dopo grandi sforzi da logici intelligenti, può essere confutato da altri ancora più intelligenti[32].

Quindi, ciò che sembra logico da una prospettiva può sembrare completamente irragionevole da un'altra.

[32] Vākyapadīya, 1.34

Come dice Amma: “Se vogliamo muoverci e affrontare con passi fermi e sicuri una crisi nella vita, dobbiamo rifugiarci in Dio e nelle Sue vie. Diversamente, la vita è come un’udienza in cui due avvocati discutono senza un giudice; il processo non andrà avanti. Se gli avvocati discutono senza un giudice, non vi sarà nessuna sentenza”.

Qual è la verità? Qual è la via da seguire? Qual è la natura di questo Sé che io sono? Possiamo discutere su queste questioni utilizzando la logica, ma per acquisire una convinzione incrollabile, dobbiamo accogliere gli insegnamenti del guru e delle Scritture.

Nelle precedenti affermazioni su come la morte sia paragonabile al punto alla fine di una frase o all’andare in un altro scompartimento del treno, Amma si stava riferendo in realtà alla reincarnazione. Sono quindi affermazioni che sostengono la natura eterna dell’anima in una dimensione temporale, di come il corpo sottile sopravviva alla morte del corpo fisico per assumere successivamente un nuovo corpo. Tali affermazioni sono simili a questo verso della *Gītā*:

vāsāṁsi jīrṇāni yathā vihāya navāni gṛhṇāti naro'parāṇi | tathā śarīrāṇi vihāya jirṇāni anyāni saṁyāti navāni dehī ||

Come un uomo smette gli abiti logori e ne indossa di nuovi, così lo spirito incarnato abbandona i corpi logori per abitarne di nuovi[33].

Tuttavia, come si è detto all'inizio di questo capitolo, il *sat* di *saccidānanda* si riferisce in realtà a un livello completamente diverso di eternità. Non si tratta di un'eternità nel tempo, ma di una eternità che è il substrato stesso del tempo. A questo proposito, Amma dice: "La gente celebra i propri compleanni in grande stile, ma in verità, mentre noi festeggiamo il giorno della nostra nascita, stiamo anche confermando la nostra morte. Il vero compleanno è il giorno in cui facciamo l'esperienza che non siamo mai nati e che non moriremo mai.

L'*ātmā* non muore mai e non nasce mai. È come l'oceano. L'oceano è immutabile ed è il substrato di tutte le onde che sorgono dalle sue acque. Cos'è un'onda, dopotutto? Solo acqua. Un'onda arriva e scompare. Ne arriva un'altra e

33 Bhagavad-Gītā, 2.22

anch'essa scompare. Un'altra ancora s'innalza in un punto diverso assumendo un'altra forma. Ma cosa sono tutte quante? Semplice acqua di mare in varie forme. Le onde appaiono e scompaiono, riappaiono e scompaiono di nuovo, ma l'acqua rimane la stessa, non cambia mai. Così, le onde non sono altro che la stessa acqua in una forma e in un luogo diversi. Allo stesso modo, il *Paramātmā* si manifesta come *jīva* in forme ed aspetti differenti. Le forme appaiono e scompaiono, ma il principio essenziale, il substrato, l'*ātmā*, è sempre immutato, come l'oceano".

Quando quindi si afferma che l'*ātmā* è pura esistenza, s'intende dire, in definitiva, che ogni qualvolta si percepisce l'esistenza, questa esistenza è il Sé. E dove si percepisce l'esistenza? Ovunque. Tutti noi facciamo costantemente questa esperienza. Il fatto è che non facciamo mai esperienza della "pura Esistenza". Non possiamo percepirla perché la pura Esistenza è ciò che siamo e come abbiamo visto all'inizio del libro, il soggetto, lo sperimentatore, non può mai essere l'oggetto sperimentato. Così, non possiamo percepire che un riflesso di noi stessi. Dove troviamo questo riflesso? In ogni oggetto di questo universo.

Come? Come *sat*, il principio stesso dell'Esistenza presente in ogni cosa.

Ad esempio, quando ci guardiamo intorno nella stanza vediamo molte cose: una scrivania, un tavolo, una sedia, un'altra persona, un gatto, una parete e così via. Diciamo: "La scrivania è", "Il gatto è", "Il muro è", ecc. Il *Vedānta* insegna che queste affermazioni, in realtà, non rivelano un'esperienza singola ma duale: l'esperienza dell'oggetto e l'esperienza del nostro Sé, la pura Esistenza, riflessa in quell'oggetto. L'aspetto dell'esistenza è rappresentato dal verbo "è".

Così, voi, l'*ātmā*, siete pura Esistenza. Percepite voi stessi in ogni oggetto, interiore ed esteriore, creato perché ovunque appaia un oggetto, questo oggetto riflette l'*ātmā* e l'*ātmā* si manifesta nell'oggetto in quanto sua esistenza.

Quindi, cos'è il mondo? Gli oggetti più l'esistenza. Se si rimuove l'Esistenza, gli oggetti non possono rimanere perché abbiamo tolto il loro fondamento. Se però togliamo gli oggetti, l'Esistenza rimane ma non è più manifesta. E cos'è questa Esistenza? L'*ātmā*. E cos'è l'*ātmā*? Voi siete l'*atma*.

Così, ovunque guardate, vedete voi stessi, il vostro riflesso. Voi siete *sat*, il principio di Esistenza presente in ogni vostra esperienza e in tutto ciò che percepite. Chi conosce veramente il Sé, un *ātmā jñānī* come Amma, sa quindi che è il proprio Sé di cui fa l'esperienza nella creazione e attraverso di essa. Ovunque guardiamo, avviene costantemente un'esperienza duale: il *sat ātmā* più un nome e una forma.

Un giorno, mentre Amma era sull'aereo per l'Australia, una bambina di circa cinque anni sedeva accanto a lei tenendo in mano un album da colorare. Amma le chiese se potesse colorare con lei e infine arrivarono a un accordo: la piccola avrebbe scelto i colori e Amma avrebbe colorato. Gli album da colorare erano infatti il modo principale con cui i genitori tenevano la piccola occupata durante i programmi di Amma. Avendola vista colorare così spesso, uno dei discepoli di Amma aveva detto alla bambina: "Proprio come tu stai colorando questi disegni, Amma ti ha colorato". Così, quando finirono di colorare il disegno, la bambina chiese ad Amma: "Mi hai colorato così?".

Amma la fissò per qualche istante e poi disse: "Non avevo bisogno di colorarti. Quando ti guardi allo specchio, vedi una seconda te, giusto? Tu sei solo una seconda me, un riflesso. Tutti sono solo un riflesso, ogni pianta, ogni animale, ogni essere umano. Perfino i rami morti e le pietre!".

La bimba rispose: "Ma tu hai l'aria diversa da tutti gli altri! Sei molto più bella!".

Baciandola sulla fronte, Amma disse: "Ebbene, sei tu che mi vedi diversa. Per me, tutto è uguale. Tu vedi la bellezza e la bruttezza, ma per me esiste solo la bellezza perché tutto è me stessa".

Così, vedere la pura esistenza che siamo noi, l'*ātmā*, riflessa ovunque è il livello successivo di eternità. In passato, questo principio di esistenza era presente? Certamente. Si tratta di un principio eterno, presente anche quando l'intero universo venne dissolto. "Il nulla *è*". Il tempo è un principio relativo: implica la dualità. Solo quando ci sono due momenti, siano essi separati da un eone o da un millesimo di secondo, si può parlare di tempo. Ma anche per parlare di tempo occorre che ci sia l'esistenza: "il tempo *è*".

Una volta compreso che l'*ātmā* è il substrato del tempo, possiamo elevarci e passare dalla comprensione della natura eterna del Sé nel tempo a un "livello superiore" di eternità. In definitiva, il *sat* in *saccidānanda* non si riferisce a qualcosa che esiste permanentemente perché *sat* è l'Esistenza stessa, l'Essere in tutte le cose impermanenti.

Finora abbiamo parlato di *sat* in termini di tempo, ma l'esistenza è un principio valido anche in termini di spazio. Così come tutti i momenti nel tempo sono basati sulla pura Esistenza, anche ogni cosa esistente è situata nello spazio: "La casa *è* qui", "La luna *è* lì", "La luce *è* ovunque", ecc. In qualunque luogo immaginabile nello spazio vi è anche l'Esistenza.

Amma non perde mai di vista il fatto che la pura Esistenza è la sua vera natura. In verità, Amma è qui per elevarci a questa visione. Un anno, quando Amma tornò dal suo tour mondiale, alcuni residenti dell'āśraṁ che ne avevano sentito la mancanza si lamentarono con lei, dicendo: "Amma, sei stata via tantissimo tempo. Quando sei via così a lungo, abbiamo la sensazione che tu ci abbia abbandonati".

Amma rispose: "Dove potrei andare? Non posso andare da nessuna parte, né posso venire da nessuna parte". Amma stava rivelando la sua identità con il vero Sé, il substrato di ogni cosa che si riflette in ogni atomo come esistenza.

L'onnipresenza dell'*ātmā* è illustrata in moltissimi racconti dei *Purāṇa* e degli *Itihāsa* dell'India. Uno di essi riguarda Śuka, il figlio di Vedavyāsa. Secondo la leggenda, un giorno la dea Pārvatī fece alcune domande al Signore Śiva sulla ghirlanda di teschi che Lui indossa sempre. Desiderava sapere a chi appartenessero questi teschi. Śiva cercò di schivare la domanda, ma la curiosità di Pārvatī era stata risvegliata e non poteva essere placata. Alla fine, Śiva ammise che appartenevano a lei.

"Come possono essere miei questi teschi?" chiese Pārvatī.

Il Signore Śiva le spiegò che la amava talmente che ogni volta che lei moriva, il dio prendeva il suo teschio dalla pira funeraria e lo metteva al collo. Ogni volta che Pārvatī si reincarnava, Shiva la cercava e la sposava di nuovo. Così, ogni qualvolta muore la Sua sposa, il Signore aggiunge un altro teschio alla Sua ghirlanda. Pārvatī era confusa. "Com'è che Tu sei immortale, mentre io muoio ogni volta?".

Śiva le spiegò che era perché lui conosceva il segreto dell'immortalità e lei no. Naturalmente, Pārvatī gli chiese di insegnarglielo. Essendo un marito affettuoso, Śiva accettò, ma prima di farlo, batté sul Suo tamburo *ḍamaru* per spaventare tutti gli esseri che avrebbero potuto eventualmente ascoltare perché solo chi aveva i requisiti poteva conoscere questo segreto. Poi disse a Pārvatī che mentre lo svelava, lei doveva dire ogni tanto: "Sì, sì". Essendo una storia lunga, voleva essere certo che Pārvatī non si appisolasse. La dea acconsentì e Lui cominciò il racconto.

Durante la spiegazione, Pārvatī annuiva e diceva: "Sì, sì" dopo pochi minuti, ma infine si addormentò senza che Śiva se ne accorgesse perché sopra un albero nelle vicinanze c'era un uovo di pappagallo che stava per schiudersi. Sentendo Pārvatī dire: "Sì, sì", il pappagallino aveva cominciato ad imitarla mentre ascoltava la storia del Signore Śiva.

Alla fine del racconto, Śiva si rese improvvisamente conto che la Sua sposa stava dormendo e che qualcun altro aveva ripetuto: “Sì, sì”. Vedendo il pappagallo appena uscito dall’uovo, lo attaccò con il tridente, pensando che non fosse qualificato a conoscere il segreto dell’immortalità. Il pappagallino fuggì il più velocemente possibile mentre Śiva lo inseguiva.

L’uccellino volò qua e là senza riuscire a distanziare il Signore Śiva. Volando a grande velocità, a un certo punto svoltò e arrivò all’eremo del saggio Vedavyāsa e della moglie Piñjalā. In quel preciso istante, Piñjalā sbadigliò e il pappagallo entrò nella sua bocca e si rifugiò nel suo ventre.

Śiva chiese che il pappagallo uscisse per ucciderlo, ma Vyāsa gli spiegò che ormai era troppo tardi: il pappagallo era diventato immortale e quindi, in ogni caso, Śiva non sarebbe riuscito a ucciderlo. Inoltre il pappagallo si rifiutava di uscire: avendo acquisito un pizzico di saggezza, sapeva che il mondo è pieno di attaccamenti che, simili a catene, ti tengono prigioniero.

Da dentro la pancia di Piñjalā, il pappagallo disse: “Se esco, voglio essere trattato come tuo figlio, ed entrambi sperimenteremo il dolore della prigionia". Vyāsa cercò di persuaderlo a uscire, ma senza successo. L'uccello rimase nel ventre per dodici anni, crescendo come un normale bambino umano. Portare un bambino di dodici anni nel ventre causava atroci dolori a Piñjalā.

Così, Vyāsa chiese aiuto al Signore Kṛṣṇa, che apparve immediatamente. Śrī Kṛṣṇa rassicurò il pappagallo che non avrebbe sofferto del male dell'attaccamento e che avrebbe ottenuto rapidamente l'*ātma-jñānam* e la liberazione. Tranquillizzato, l'uccello uscì con l'aspetto e le dimensioni di un fanciullo di dodici anni. Vyāsa e Piñjalā lo chiamarono Śuka, che significa pappagallo in sanscrito.

Fedele alla parola di Kṛṣṇa, Śuka uscì dimostrando molto distacco e a sedici anni andò via da casa per prendere il *sannyāsa* e praticare austerità al fine di conseguire la conoscenza del Sé. Nel frattempo, Vyāsa si era molto affezionato al figlio e quando scoprì che se n'era andato, si mise a cercarlo per convincerlo a tornare. Ma era troppo tardi: nelle sue meditazioni profonde, Śuka aveva ormai fatto l'esperienza di essere uno con il substrato di tutti gli elementi e si era fuso nel Tutto. Vyāsa l'aveva perso per sempre. Dopo averlo cercato in lungo e in largo, in preda al panico e al dolore, il padre gridò: "Figlio! Figlio! Figlio!". E la storia racconta che tutta la natura – la terra, il vento, il sole, i fiumi e persino lo spazio – rispose come un'eco: "*Padre... Padre... Padre...*".

Per quanto surreali e fantastiche possano sembrare alcune storie dei *Purāṇa*, come questa, contengono le più profonde verità spirituali. Che noi crediamo che Śuka sia davvero nato sotto forma di un ragazzo dopo essere volato nella pancia di Piñjalā oppure no, non è importante. Ciò che conta è comprendere il vero messaggio che contiene. Come dice Amma: "Dopo aver succhiato il succo dalla canna da zucchero, possiamo sputare il resto". E in questa storia, il succo è la verità che la nostra natura sostanziale è la pura Esistenza onnipresente. Vyāsa stava cercando il corpo fisico limitato di suo figlio. Śuka aveva però fatto l'esperienza di non essere il corpo fisico grossolano, ma *sad-ātmā*, l'essenza stessa, l'Essere che sottende tutte le creature e tutti gli elementi. Quindi Śuka era ovunque. Questo è ciò che simboleggia il fatto che la Natura intera rispose a Vyāsa quando chiamò suo figlio.

Potrebbe sembrare che questa storia sia velata da un pizzico di tristezza, abbia un sapore agrodolce. Śuka si fuse nell'intero universo, ma Vyāsa perse un figlio. Ma in verità, essendosi fuso nell'universo, Śuka non aveva mai lasciato il padre. Proprio come Śuka era l'Esistenza onnipresente, così lo era anche Vyāsa. Non ci possono essere due entità onnipresenti e diverse. In ultima analisi, questa non è perciò una storia di separazione, ma di unità. Non ci sono numerosi *ātmā*: esiste un solo *ātmā*. È come se una goccia d'acqua piangesse e dicesse al mare: "Perché devo essere separata da te?". Il mare risponderebbe ridendo: "Cosa vuoi dire? Siamo tutti la stessa acqua, c'è solo una acqua".

Anche Amma ha parlato dello stato di unità di Śuka: "Chi è diventato uno con la Coscienza suprema lo è anche con tutta la creazione. Non è più unicamente il corpo. È la forza vitale che risplende nell'intero creato e attraverso di esso. È quella coscienza che presta la sua bellezza e vitalità a tutto. È l'*ātmā* immanente in ogni cosa. Questo è il significato del racconto".

La verità che il nostro *ātmā* è l'unico *ātmā*, ovvero, che dall'inizio dei tempi ogni creatura ha in essenza la stessa e unica coscienza, è un altro elemento distintivo della nostra natura, ma non possiamo farne l'esperienza con i sensi né acquisirla con la logica. Possiamo apprendere questa verità su noi stessi dal guru e dalle Scritture. Una volta accettata, scopriremo che, così come la nostra esperienza e la nostra logica non possono fornirci questa conoscenza non duale, non possono nemmeno negarla. La fede reverenziale nel guru e nelle Scritture la rendono un dato di fatto per noi.

Amma ci ricorda ripetutamente questa verità. Come abbiamo già visto, ci dice spesso che, se vogliamo sapere chi è lei, dobbiamo conoscere noi stessi, ossia che il vero Sé di tutti e di tutto è uno. Come Amma afferma risolutamente: "L'Io in me sei tu e il tu in te sono io".

Le *Upaniṣad* e la *Bhagavad-Gītā* proclamano continuamente questa verità dell'unità eterna.

eko devaḥ sarva-bhūteṣu gūḍhaḥ
sarvavyāpī sarva-bhūtāntarātmā |

karmādhyakṣaḥ sarvabhūtādhivāsaḥ sākṣī
cetā kevalo nirguṇaśca ||

L'unico Dio, celato in tutti gli esseri, l'*ātmā* che tutto pervade e abita in ogni essere, l'ordinatore di tutti i karma, il rifugio di tutti gli esseri, il testimone, il principio della coscienza, non duale, privo di attributi[34].

Come dichiara la *Īśāvāsya Upaniṣad*:

yasmin-sarvāni-bhūtānyātmaivābhūd-
vijānataḥ |
tatra ko mohaḥ kaḥ śoka ekatvam-
anupaśyataḥ ||

Quando tutti gli esseri sono diventati l'*ātmā*, allora quale inganno, quale sofferenza, possono turbare colui che ha la conoscenza e scorge ovunque l'unità[35]?

E ancora:

yadā bhūta-pṛthag-bhāvam ekastham-
anupaśyati |
tata eva ca vistāraṁ brahma saṁpadyate
tadā ||

---

[34] Śvetāśvatara Upaniṣad, 6.11

[35] Īśāvāsya Upaniṣad, 7

Quando uno comprende che la diversità di tutti gli esseri è radicata nell'Uno e che solo da quello si manifestano, diviene *Brahman*[36].

Nella *Gītā*, Śrī Kṛṣṇa dice:

sarva-bhūtastham-ātmānaṁ sarva-bhūtāni cātmani |
īkṣate yoga-yuktātmā sarvatra sama-darśanaḥ ||
yo māṁ paśyati sarvatra sarvaṁ ca mayi paśyati |
tasyāhaṁ na praṇaśyāmi sa ca me na praṇaśyati |

Colui la cui mente è stabilita nello yoga e ha una visione equanime vede l'*ātmā* in tutti gli esseri e tutti gli esseri nell'*ātmā*.
Chi vede Me ovunque e ogni cosa in Me, non Mi perderà mai né svanirà per Me[37].

Questi ultimi due versi della *Gītā* sottolineano, ancora una volta, che ciò che ci stiamo sforzando di raggiungere è un cambiamento nella comprensione. Dobbiamo comprendere che, pur percependo la diversità, nel cuore di tutte

[36] Bhagavad-Gītā, 13.30
[37] Gita, 6.29-30

queste entità apparentemente diverse vi è un unico *ātmā*. Questa è la realtà. Non è un'impresa facile perché le apparenze confondono e sembrano dimostrare il contrario. Per spiegare questo concetto, Amma porta un esempio a lei caro, quello dell'unico e medesimo sole che si riflette in molti vasi. Amma dice: "Immaginate di mettere cento vasi d'acqua al sole. In ogni vaso vedrete un sole, giusto? Questo però non significa che ci siano cento soli. Il sole è uno e i riflessi sono molteplici".

Lo stesso esempio si trova anche nelle *Upaniṣad*, che parlano del riflesso della luna invece di quello del sole:

> eka eva hi bhūtātmā bhūte bhūte
> vyavasthitaḥ |
> ekadhā bahudhā caiva dṛśyate
> jalacandravat||

> L'*ātmā* di tutti gli esseri, che è invero uno, è presente in tutti gli esseri. Pur essendo uno, è visto come molteplice, come la luna riflessa [in diversi vasi d'acqua][38].

[38] Amṛtabindu Upaniṣad, 12

Questo esempio è ampiamente analizzato anche nei *Brahma Sūtra*[39] così come in importanti trattati del *Vedānta* come il *Naiṣkarmya Siddhi*[40] di Sureśvarācārya, uno dei quattro discepoli diretti di Śaṅkarācārya. In breve, tutte le Scritture e gli *advaita jñānī* proclamano che esiste un solo *ātmā* che si manifesta in modo variegato in tutta la creazione come pura Esistenza e serve da substrato ad ogni oggetto percepito.

Qui, si potrebbe avere la sensazione che la testa stia per esplodere: come posso io, questo piccolo essere umano che non riesce neppure ad arrivare al lavoro in tempo, essere il principio onnipresente della pura Esistenza che contiene il tempo e lo spazio, l'unico vero Sé che si manifesta in ogni cosa cosciente o inerte? Quando si fa tale affermazione, bisogna fermarsi perché si è ricaduti nell'ignoranza. Quando il guru e le Scritture ci dicono che noi siamo la pura Esistenza che è il fondamento dell'intero cosmo, non si riferiscono a noi in quanto esseri umani, ma al vero Sé. Stanno parlando del testimone che rimane quando con le forbici del discernimento

---

39 Brahma Sūtra, 3.2.18

40 Naiṣkarmya Siddhi, 2.47

abbiamo tolto tutti gli strati superficiali della nostra personalità. Vi ricordo che noi non siamo questo corpo, né questa mente, né questo ego. Siamo la pura coscienza-testimone che illumina l'esperienza del corpo, l'esperienza della mente e l'esperienza dell'ego. Quando abbiamo riscritto in questo modo il concetto di noi stessi, allora l'idea che "noi, pura coscienza-testimone, siamo anche pura Esistenza" non è così inverosimile.

ĀNANDA: PURA BEATITUDINE

Arriviamo infine all'aspetto del Sé che tutti stavamo aspettando: *ānanda*, la beatitudine. È per questo motivo che abbiamo intrapreso il nostro viaggio, giusto? Qualunque siano gli altri obiettivi che ci prefissiamo, il nostro vero, unico obiettivo è essere felici, conoscere l'amore, la pace. Tutti questi aspetti sono inclusi nella parola *ānanda*.

Amma e le Scritture ci dicono che la beatitudine non è un fenomeno esterno: è il nostro vero Sé. Proprio come noi siamo sia un'unica coscienza che pervade l'intero universo e anche un'unica esistenza, così siamo anche un'unica beatitudine. Potrebbe sembrare che la felicità provenga da oggetti esterni, ma in verità, la felicità è la nostra stessa natura. Nelle *Upaniṣad* vi sono alcune importanti affermazioni che lo asseriscono. Eccone alcune:

> yo vai bhūmā tat-sukhaṁ nālpe sukham-
> asti bhūmaiva sukham |
>
> Quello che invero è l'Infinito [*Brahman*] è la beatitudine. Non c'è gioia nel finito. Solo l'Infinito è beatitudine[41].
>
> yad-vai tat sukṛtam | raso vai saḥ |
> rasaṁ hyevāyaṁ labdhvā''nandī bhavati|
>
> Ciò che è conosciuto come il creatore di se stesso [*Brahman*] è in verità la fonte della gioia poiché si diventa felici entrando in contatto con quella fonte di gioia[42].
>
> ānando brahmeti vyajānāt | ānandāddhyeva
> khalivamāni bhūtāni jāyante
> ānandena jātāni jīvanti | ānandaṁ
> prayantyabhisaṁviśāntīti |
>
> Egli conosceva la beatitudine come *Brahman*, perché dalla beatitudine hanno invero origine tutti questi esseri. Una volta nati, sono sostenuti

[41] Chāndogya Upaniṣad, 7.23.1

[42] Taittirīya Upaniṣad, 2.7.1

dalla beatitudine, vanno verso la beatitudine e si fondono nella beatitudine[43].

Lo stesso concetto è espresso nell'affermazione di Amma con cui abbiamo iniziato questo libro: "La nostra vita è fatta affinché nasciamo nell'amore, viviamo nell'amore e la terminiamo nell'amore. Sfortunatamente, anche se la maggior parte di noi passa la vita cercando l'amore, in genere muore senza averlo trovato". L'aspetto *ānanda* dell'*ātmā* è il più difficile da cogliere. Ci è abbastanza facile accettare che siamo sempre esistiti e anche comprendere che siamo sempre coscienti, ma quando il guru ci dice che la nostra natura è beatitudine, cominciamo a pensare che gli manchi qualche rotella oppure che, chiaramente, non conosce il nostro stato mentale.

Anche in questo caso l'esempio dello specchio ci è d'aiuto. Non dimenticate che, poiché siamo il soggetto, non possiamo mai fare l'esperienza diretta di noi stessi. Possiamo solo fare l'esperienza indiretta del nostre Sé come riflesso nell'universo che ci circonda,

---

43 Ibid, 3.6.1

sia nell'universo esterno (mondo) che in quello interno (complesso corpo-mente). Come spiegato in precedenza, l'aspetto dell'esistenza si riflette sempre e dappertutto. Ovunque qualcosa "è": il pavimento è, il muro è, il ragazzo è, la mente è, e così via. Questo "è" è un riflesso dell'*ātmā*. Qualsiasi oggetto, per quanto grossolano, riflette il nostro "essere".

Affinché possa riflettere l'aspetto della coscienza, la materia dev'essere però sottile. Gli elementi grossolani quali lo spazio, l'aria, il fuoco, l'acqua e la terra, o le loro combinazioni come tavoli, sedie, edifici, sono incapaci di riflettere la coscienza. Possono riflettere l'aspetto *sat* dell'*ātmā*, ma non il suo aspetto *cit*. La mente, tuttavia, può riflettere la coscienza e lo fa. La mente di ogni essere senziente è in grado di riflettere, in qualche misura, la coscienza, che si tratti di uno scarafaggio, di un uccello, di un cane, di una balena o di un essere umano (anche le piante, sebbene inanimate, hanno una sorta di sistema nervoso che permette loro di riflettere, pur debolmente, la coscienza). Così, la coscienza si riflette nella mente, ma non negli oggetti grossolani e inerti del mondo. Śrī

Śaṅkarācārya lo afferma molto concisamente nel suo trattato advaitico *Ātmabodha*:

> sadā sarvagato'pyātmā na sarvatra
> avabhāsate |
> buddhāvevāvabhāseta svacchesu
> pratibimbavat ||
>
> Sebbene onnipresente, l'*ātmā* non risplende in tutto. Si rivela solo nella mente, come un riflesso in qualcosa che è puro[44].

Più la mente è affinata, più luminoso è il riflesso della coscienza. Così, talvolta usiamo espressioni come "è a un livello di coscienza più elevato" o "ha elevato la sua coscienza" o "evolvendo, le varie forme di vita hanno sviluppato la coscienza" ma in tutte queste espressioni ciò che "si sviluppa", "evolve", o "si eleva", ecc, non è la coscienza ma la capacità della mente di riflettere una parvenza finita e localizzata dell'aspetto della coscienza onnipresente, dell'*ātmā*.

Mentre l'esistenza si riflette in ogni aspetto della creazione e la coscienza si riflette solo nel sottoinsieme della creazione chiamato "mente", la beatitudine si riflette in un sottoinsieme

[44] Ātmabodha, 17

ancora più piccolo: una mente calma. Questo è il motivo per cui nei rari *Mahātmā* come Amma percepiamo la beatitudine in modo così tangibile. La mente di Amma è talmente piena di pace che irradia costantemente la beatitudine del Sé. Allo stesso modo, ci sono momenti in cui anche le nostre menti si fermano, si acquietano, ed è allora che sperimentiamo la beatitudine. Possiamo calmare la mente a vari livelli nel corso della meditazione e percepire come beatitudine il riflesso dell'*ātmā* nella nostra mente. Nel sonno profondo, la mente si dissolve nell'immobilità; così, tutti noi sappiamo che il sonno è ciò che dà più gioia. È anche possibile calmare artificialmente la mente con le droghe. Anche il soddisfacimento dei desideri la calma temporaneamente. Il problema è che, quando sfuma il loro effetto, la mente è più agitata di prima. Così, prese in un circolo vizioso, molte persone finiscono per distruggere se stesse e le loro famiglie nella vana speranza di raggiungere qualcosa che è, in realtà, la loro vera natura.

Sebbene dipenda dallo stato mentale poter riflettere la nostra natura di beatitudine, in noi vi è quasi sempre il riflesso di un livello basilare di beatitudine che in genere diamo per scontato. Solo quando scompare o è ridotto ai minimi termini ci accorgiamo di averlo perso. Amma dice spesso che ci rendiamo conto di avere una testa solo quando abbiamo mal di testa. Allo stesso modo, ci rendiamo conto che stavamo godendo del riflesso di un barlume di beatitudine solo quando scompare. Questo può accadere nella depressione clinica e nell'astinenza da droghe che creano dipendenza. Questo livello basilare di beatitudine è menzionato nella *Bṛhadāraṇyaka Upaniṣad:*

> etasyaivānandasyānyāni bhūtāni
> mātrām-upajīvanti
>
> Tutti gli esseri viventi vivono semplicemente
> di una briciola di questa beatitudine[45].

Ogni giorno facciamo l'esperienza di questa verità. Pensando che una data situazione ci rende infelici, non facciamo che lamentarci. E poi cosa succede? Il problema peggiora. Improvvisamente, pensiamo: "Darei qualsiasi cosa per tornare all'infelicità di prima". Questo

[45] Bṛhadāraṇyaka Upaniṣad, 4.3.32

significa che vi è quasi sempre il riflesso di un barlume di *ānanda*.

Ecco una storia a riguardo. Due coniugi andarono da un guru e gli dissero che litigavano sempre ed erano infelici. Il maestro gli chiese di prendere tre cani e di portarli a vivere in casa con loro. "Non fateli uscire per nessun motivo", disse, "e poi tornate tra una settimana". La coppia ubbidì.

"Allora, com'è andata?", domandò il guru. "Terribile! Tutta la casa puzza di cane e dei loro escrementi!" esclamarono. Annuendo, il maestro disse: "Bene. Adesso prendete otto gatti, portateli a casa e non fateli mai uscire. Tornate tra una settimana".

Il marito e la moglie si guardarono perplessi, ma fecero come gli era stato detto. Ritornarono dopo sette giorni. "Ebbene?" chiese il guru.

"Un incubo!", esclamarono, "I cani inseguono i gatti che soffiano e li attaccano. C'è un tanfo spaventoso ovunque".

Annuendo di nuovo, il guru disse: "D'accordo. Ora prendete dieci oche, tenetele in casa. Noi ci vediamo tra una settimana".

Quando tornarono, i due avevano un aspetto orribile. La moglie aveva il viso gonfissimo e l'uomo aveva un braccio ingessato. I loro vestiti erano luridi e la coppia dava l'impressione di non avere chiuso occhio da giorni. Il maestro chiese: "Tutto bene?".

I coniugi scoppiarono a piangere. "È un inferno", esclamò l'uomo, "Piume ovunque! Due oche sono morte. Io sono scivolato su una cacca di oca e ho rotto il braccio. Sembra che mia moglie sia allergica ai gatti e riesce a malapena a respirare. Tutta la casa è nel caos più totale e puzza da morire!".

Il guru rispose: "D'accordo. Sbarazzatevi di tutti gli animali e venite a trovarmi tra una settimana".

Una settimana dopo la coppia arrivò tenendosi per mano e con un sorriso raggiante: sembrava il ritratto dell'armonia coniugale. Cadendo ai piedi del guru, lo lodarono per la sua capacità di compiere miracoli.

La morale della storia è che nella mente è riflesso un barlume di felicità anche quando ci sentiamo "infelici". Se vogliamo che questo riflesso sia più intenso, c'è solo un modo:

pacificare la mente con la meditazione e ridurre il senso di attrazione e di avversione.

Ricordo che una volta, molto tempo fa, mentre guidavo il pulmino dove c'erano Amma e altri *brahmacārī*, un devoto anziano seduto accanto a me continuava a guardare il riflesso di Amma nello specchietto retrovisore. A un certo punto disse con l'innocenza di un bambino: "Posso vedere l'immagine di Amma nello specchio". A queste parole, Amma si mise a ridere e rispose: "Potrai vedere Dio ovunque quando la mente sarà purificata da ogni impurità e diventerà uno specchio nitido".

Amma stava rivelando questa verità: la mente è come uno specchio. Più purifichiamo la mente, più il riflesso della beatitudine del nostro vero Sé è cristallino e facile da sperimentare. Più non ci curiamo di questo specchio abbandonandoci all'egoismo, agli schemi di pensiero negativi e all'indisciplina, più lo specchio diventa opaco. Indipendentemente da quanto lo specchio sia cristallino o sporco, la realtà del Sé rimane sempre *saccidānanda*: esistenza-coscienza-beatitudine.

C'è una tecnica che Amma ha suggerito di praticare a molte persone al fine di aiutarle ad apprezzare la gioia ovunque appaia: nella nostra mente o nella mente di altri. In realtà, tale gioia è il nostro stesso riflesso, un riflesso del vero Sé. A volte le persone dicono ad Amma di essere tristi perché vorrebbero poter passare più tempo vicino a lei. Vedendo altre persone che vanno al darśan o parlano con Amma, provano gelosia per la beatitudine che queste ultime sperimentano. In risposta, Amma dice spesso: "Quando vedete qualcuno che è felice vicino ad Amma, dovreste cercare di vedere voi stessi in lui".

Ho l'impressione che molti prendano questa istruzione alla leggera, come se Amma li volesse solo tranquillizzare. In verità, Amma li sta iniziando ad una profonda pratica advaita, in cui ricordiamo a noi stessi che noi, il vero Sé, siamo l'unica fonte di tutta la beatitudine sperimentata nella creazione, e che ovunque nel mondo si sperimenti la beatitudine, essa è il nostro stesso riflesso.

È quando comprendiamo questi tre riflessi del Sé che cominciamo a capire che il Sé è onnipresente e che, ovunque guardiamo, vediamo noi stessi. Ogni volta che vediamo qualcuno sorridere o ridere, dovremmo comprendere che la beatitudine che brilla in lui è un riflesso di noi stessi, dell'unico vero Sé. Ogni volta che vediamo un altro essere vivente, dovremmo capire che proprio come noi siamo coscienti, anche lui è cosciente e quella coscienza è un riflesso di noi, l'unico vero Sé. Inoltre, quando vediamo qualcosa, dovremmo avere chiaro che l'essere che è il substrato di questo oggetto è un riflesso di noi, l'unico vero Sé. Questa visione sublime è meravigliosamente espressa nel verso contenuto in un trattato sul *Vedanta*:

> asti bhāti priyaṁ rūpaṁ nāma-cetyaṁśa-
> pañcakam |
> ādya-trayaṁ brahma-rūpaṁ jagad-rūpaṁ
> tato dvayam ||
>
> L'esistenza, la coscienza, la beatitudine, la forma e il nome formano le cinque parti. Le prime tre sono della natura di *Brahman*, mentre le altre due sono della natura del mondo[46].

In questo verso, la terminologia è leggermente diversa da quella che abbiamo usato. Qui, l'esistenza è denominata *asti*, la coscienza *bhāti* e la beatitudine *priyam*. Questi tre aspetti,

[46] Dṛg-Dṛśya Viveka, 20

quando ne faccio l'esperienza, definiscono me, il *Brahman*, il vero Sé. Gli altri due aspetti che percepiamo non sono che il nome e la forma, ovvero il mondo.

Così, nella visione di Amma e delle Scritture, ciò che vediamo dappertutto non è che il nostro stesso Sé. In questa visione vedantica, il nostro modo di pensare dovrebbe evolvere diventando: "In alcuni elementi, come un tronco di legno o nelle costruzioni, mi rifletto come esistenza. In altri, come gli uccelli, gli altri animali e le persone, mi rifletto sotto forma di esistenza e di coscienza. E in altri ancora, quali qualcuno che ride ad una barzelletta, gli uccelli che cinguettano beati o il cane che scodinzola felice, mi rifletto come esistenza-coscienza-beatitudine. Indipendentemente da quando, dove e quale sia il grado del mio riflesso, io non sono il riflesso. Lascio che i riflessi vengano e che vadano via: io sono l'originario eterno che non viene né va mai, l'unico soggetto che brilla di luce propria e si riflette diversamente in un'infinità di nomi e di forme". Questa è la visione di Amma, quella a cui lei cerca di elevarci.

Ricordo un particolare momento in cui Amma rivelò tale visione. Accadde durante la sessione di domande e risposte a Seattle. Una devota le chiese: "Amma, quando guardo nei tuoi occhi, ho la sensazione di vedervi l'universo intero". Poi le chiese perché i suoi occhi fossero così belli e, più precisamente, se Amma stessa si fosse mai soffermata sulla bellezza dei suoi occhi. Amma rispose: "Amma vede i suoi occhi attraverso gli occhi dei suoi figli".

Questa affermazione è in effetti un *sūtra*. Nella sua brevità, racchiude tutta la spiritualità. Amma stava dicendo che, sebbene sia vero che non è possibile vedere fisicamente i propri occhi perché, come abbiamo detto ripetutamente, colui che vede non può essere ciò che è visto, tuttavia, nella sua suprema saggezza, Amma sa che è solo se stessa che si riflette in modo diverso in ogni aspetto della creazione. Colui che vede non può essere ciò che è visto, ma ciò che è visto è un riflesso di colui che vede.

Questa è la visione attraverso cui percepiamo la vera unità. Questa è la visione attraverso cui sappiamo di essere il substrato, l'essenza di ogni montagna, lago, fiume e oceano, stella, soffio di vento, e persino dello spazio stesso. È la visione che ci permette di comprendere finalmente che, come dice Amma, "l'io in me sei tu e il tu in te sono io". Grazie a questa visione, sappiamo che ogni risata e ogni sorriso sono un riflesso della beatitudine che è il nostro vero Sé.

È solo in questa visione che diventiamo finalmente liberi. Perché quando comprendiamo realmente che non esiste l'altro ma solo noi stessi e il nostro riflesso, come potremmo avere paura nella vita? Chi potremmo odiare? Contro chi potremmo arrabbiarci? Cosa potremmo cercare o da chi dovremmo fuggire? Abbiamo capito che tutto è noi stessi, nessun altro. Così, comprendiamo che tutte le affermazioni delle *Upaniṣad* sul *Brahman*, l'*ātmā* o "Quello", non parlano di qualcosa di remoto e sconosciuto, ma di noi stessi:

> Il fuoco non è che Quello; il sole è Quello; il vento è Quello e anche la luna è Quello! Il cielo stellato è semplicemente Quello; il Brahman è Quello; le acque sono Quello e Prajāpati è Quello! Tu sei una donna, tu sei un uomo, tu sei un ragazzo o una ragazza. Sei un vecchio che cammina a fatica appoggiandosi al bastone.

> Appena nasci, volgi il viso in ogni direzione. Sei l'uccello blu scuro e il pappagallo verde dagli occhi rossi. Sei la nuvola della pioggia, le stagioni e l'oceano. Vivi come chi non ha un inizio essendo onnipresente. Sei l'origine di tutti i mondi[47].

Inizialmente, esercitando *dṛg-dṛśya viveka*, abbiamo rimosso con il discernimento tutto ciò che sperimentiamo come necessariamente "non nostro". Il mondo con tutti i suoi oggetti è un oggetto percepito. Pertanto, non può essere me, il soggetto che percepisce. Anche questo corpo e i suoi organi di azione e di conoscenza sono oggetto della mia percezione e quindi non sono me. Così anche l'energia vitale nel corpo non è me. Allo stesso modo, io non sono neppure tutti i pensieri, emozioni, idee, concetti e anche la sensazione di essere colui che pensa, l'autore delle azioni e il loro fruitore. Non sono nemmeno la pace e la felicità che provo. Poiché sono consapevole di tutte queste cose e di tutti questi fenomeni, essi sono oggetti e quindi niente di tutto questo può essere me. Tuttavia, ora è

[47] Śvetāśvatara Upaniṣad, 4.2-4

chiaro che, mentre tutti questi elementi sono effettivamente oggetti e non l'io originale, allo stesso tempo, sono comunque riflessi di me. Io sono *saccidānanda*, esistenza-coscienza-beatitudine, che pervade ogni cosa. Perciò, tutto ciò che esiste, indipendentemente dal piano della realtà a cui appartiene, non è altri che me, una varietà infinita di riflessi di me.

Questa è la conoscenza suprema, la visione del mondo in cui Amma risiede stabilmente, uno stato di estasi in cui si vede il proprio Sé, beatitudine eterna, riflesso ovunque:

> mayyeva sakalaṁ jātaṁ mayi sarvaṁ
> pratiṣṭhitam |
>
> mayi sarvaṁ layaṁ yāti tad-
> brahmādvayamasmyaham ||
>
> In me ha avuto origine ogni cosa. In me ogni cosa trova sostentamento. In me ogni cosa viene riassorbita. Io sono questa pura Coscienza infinita, all'infuori della quale nulla esiste[48].

[48] Kaivalya Upaniṣad, 19

7

Vivere il Vedānta

A volte Amma dice: "L'illuminazione, per me, è una bazzecola, noccioline". Quando lo sentiamo per la prima volta, restiamo scioccati. Come può ciò che esiste di più prezioso nella creazione, l'unico vero scopo della vita umana, di valore inestimabile, essere agli occhi di Amma paragonabile a qualcosa che si può comprare in un qualsiasi angolo di strada indiana per sole venti rupie?

In realtà, Amma esprime nel suo tipico modo che, per lei, la vera natura divina di questo mondo, di se stessa, di Dio, l'unità sostanziale di tutti noi, è evidente come un luogo comune. È come sapere che il sole è giallo o che l'acqua è bagnata. Inoltre, quando Amma dichiara: "L'illuminazione per me è una bazzecola", afferma anche la profonda semplicità dell'insegnamento spirituale.

Come abbiamo visto in tutto questo libro, la visione dell'*Advaita*, in sé, non è complicata,

ma stupefacente. Inizialmente alcuni suoi aspetti potrebbero apparire illogici, ma alla fine diventeranno comprensibili alla maggior parte delle persone. Voi non siete il corpo e la mente. Non potete esserlo perché li osservate. Pertanto, voi siete la coscienza-testimone che non è mai riducibile ad un oggetto. La natura di questo "voi" sconosciuto costituisce il substrato unico e perenne della creazione, il grembo da cui il creato ha origine, esiste e in cui si fonde al termine di un ciclo cosmico.

Ovunque percepiate l'esistenza, la coscienza o la beatitudine, esse sono voi, riflessi in questa creazione che eternamente emerge da voi come un miraggio. Questa conoscenza, per quanto incredibile possa sembrarci, è semplice. Per Amma, è come noccioline.

La conoscenza del Sé è senza dubbio preziosa, ma noi e il mondo sapremo riconoscerne il vero valore quando la faremo nostra, quando saturerà il nostro subconscio e la tradurremo in azione. Ecco perché Amma ha sempre posto l'accento anche su *jñāna-niṣṭhā*, non solo su *jñānam*. Per lei, senza *niṣṭhā*, *jñānam* ha un valore limitato.

È come capire una battuta senza mai scoppiare a ridere.

Niṣṭhā è lo stato in cui si è radicati, fermamente stabiliti, in questa conoscenza. Vi perveniamo quando la conoscenza non rimane in superficie ma permea interamente il subconscio. Quando questo accade, i nostri pensieri, le nostre parole e le nostre azioni sono sempre in accordo con la conoscenza che abbiamo del *Vedanta*. Questo è ciò che rende Amma così speciale.

Innumerevoli persone hanno compreso il *Vedānta* e tratto grandissimo beneficio a livello emotivo dal suo supremo insegnamento, ma quando vediamo fino a che punto Amma è tutt'uno con tali insegnamenti e la misura in cui li trasmette attraverso ogni pensiero, parola e azione, diciamo che tale fenomeno non ha precedenti negli annali della spiritualità.

Per Amma, i parametri che indicano *jñāna-niṣṭhā* sono due: equanimità e compassione. Sapere di non essere il corpo né la mente si traduce in equanimità di fronte al successo e all'insuccesso, agli elogi e alle critiche? Sapere della nostra unità con tutti gli esseri viventi si esprime nel concreto con la gentilezza e il servizio compassionevole nei loro confronti? Questo è ciò che Amma chiama "vivere il *Vedānta*". E questo è il messaggio centrale della sua vita. Sono questi gli aspetti che contano per lei.

Ecco l'esempio che usa abitualmente per mostrare come l'*ātma-jñānaṁ*, quando assimilata correttamente, si manifesta sotto forma di compassione verso gli altri. Amma dice: "Supponiamo che la mano sinistra sia ferita. La mano destra dirà che, trattandosi della sinistra, non ha niente a che fare con lei? No. La mano destra accorrerà immediatamente in aiuto della sinistra, medicandola se necessario. Questo perché non vede la mano sinistra come diversa da sé. Se abbiamo acquisito una vera comprensione spirituale, ci comporteremo in tal modo di fronte alla sofferenza di ogni essere vivente".

Tutta la vita di Amma incarna questo principio. Qualche anno fa un giornalista le fece questa domanda: "Lei trascorre tantissimo tempo, notte e giorno, ad aiutare gli altri, asciugando le loro lacrime e rispondendo alle loro domande. E lei? Non si prende del tempo per se stessa?". La risposta che Amma diede fu toccante: "Non vedo alcuna differenza. Il *loro* tempo è il *mio* tempo".

Questa è la visione di un autentico *ātma-jñānī* come Amma. Kṛṣṇa esprime lo stesso modo di sentire nella *Gītā* quando dice:

> ātmaupamyena sarvatra samaṁ paśyati
> yo'rjuna
> sukhaṁ vā yadi vā duḥkhaṁ sa yogī
> paramo mataḥ ||
>
> O Arjuna, chi considera la felicità e il dolore di chiunque con lo stesso metro che applicherebbe a se stesso, quello yogī è considerato perfetto[49].

Per illustrare come l'avere correttamente assimilato l'*ātma-jñānaṁ* porti all'equanimità, Amma fa un altro esempio. In genere, quando le tragedie colpiscono gli altri, non ne siamo scossi. Amma dice che se abbiamo fatto nostra la conoscenza del Sé, mostreremo spontaneamente lo stesso grado di distacco anche quando siamo noi ad essere colpiti da sventure. Aggiunge che, quando i nostri vicini perdono una persona cara o sono in difficoltà, sappiamo facilmente fornire loro un consiglio pieno di saggezza tratto dalla

[49] Bhagavad-Gītā, 6.32

filosofia del *Vedanta*. Se però queste avversità capitassero a noi, scopriremmo di essere noi a piangere come loro. Quando avremo assimilato il fatto che la nostra natura è pura Coscienza, ci identificheremo con il testimone e vedremo tutto ciò che accade al nostro sistema corpo-mente con lo stesso distacco che avremmo se succedesse a qualcun altro. Amma dice: "Il principio che sta alla base dell'essere testimoni è la disposizione a non considerare nulla come nostro perché quando vediamo il bene e il male senza preconcetti e ci identifichiamo con la pura consapevolezza, le nostre azioni e i loro risultati non possono vincolarci. Il punto culminante dello stato di testimone è quando la mente diventa come uno specchio. Uno specchio non dice mai: 'Oh, che bello!', oppure 'Bleah! Che schifo! È orribile!', ma riflette semplicemente e in silenzio tutto ciò che gli è di fronte".

Un giorno un residente dell'āśraṁ chiese ad Amma perché fosse così importante fare propria la verità che "Io sono la coscienza". Dopo qualche istante, Amma si mise a raccontargli una serie di errori commessi da un altro residente. L'uomo ascoltava attentamente mentre Amma li elencava, concordando con lei e a volte persino sorridendo. Improvvisamente Amma s'interruppe e poi disse: "Sai che non sto parlando di qualcun altro, vero? Sto parlando di te. La gente mi ha detto che hai fatto tutte queste cose". Il sorriso svanì immediatamente dal volto dell'uomo.

"Vedi quanto è importante la capacità di rimanere testimoni?", proseguì Amma, "Quando pensavi che gli errori li avesse commessi qualcun altro, le mie parole non ti disturbavano. Rimanendo un testimone, le ascoltavi con un sorriso. Quando però ti sei reso conto di essere tu sotto accusa, la tua allegria è svanita. Lo stato di testimone è la capacità di prendere le distanze e guardare tutto con un sorriso, senza provare attaccamento verso nessuna situazione o sentire che qualcosa ti appartiene".

Così, Amma dice che, quando siamo arrabbiati con qualcuno, dovremmo sforzarci di pensare: "Io non sono il corpo; io sono la pura Coscienza. Non sono quello che quella persona ha detto e quindi perché dovrei sentirmi in collera? Anche lei non è il corpo, ma la pura Coscienza. Pertanto, con chi sono in collera?".

Quando non solo abbiamo compreso di non essere il sistema corpo-mente, ma riusciamo anche a restare radicati in questa conoscenza nei momenti difficili e a non reagire quando questo sistema corpo-mente viene criticato, diventa manifesto il valore della conoscenza del Sé. Allo stesso modo, l'inestimabile valore della conoscenza del Sé si rivela quando abbiamo capito non solo intellettualmente la nostra unità con tutte le creature e le amiamo e serviamo con la stessa prontezza con cui amiamo e serviamo spontaneamente noi stessi.

Nel 2004, dopo lo tsunami dell'Oceano Indiano, l'āśram e i villaggi intorno erano inondati. Amma passò l'intera giornata immersa nell'acqua fino alla vita, occupata ad organizzare l'evacuazione delle persone: residenti dell'ashram, visitatori e abitanti del villaggio. La sera, fu l'ultima a traversare la laguna e raggiungere la terraferma. Fu allora che le chiesi come stesse. "Indipendentemente da cosa succeda fuori, dentro di me sono sempre serena", rispose. Questo è un segno di *jñāna-niṣṭhā*: una serenità interiore anche di fronte allo tsunami.

Analogamente, nei primi tempi dell'āśram, un lebbroso di nome Dattan veniva per il darśan. Amma detergeva le sue piaghe a mani nude e con la lingua e a volte aspirava il pus con la bocca. Nel vederlo, le domandai: "Amma, come fai a farlo? Non ti disgusta?". Lei rispose: "Figlio, provi ribrezzo quando medichi una ferita sul tuo braccio? Io non considero in nessun modo il suo corpo separato dal mio". Servire con tanta tenerezza e compassione chi soffre senza preoccuparsi di se stessi è *jñāna-niṣṭhā.*

A differenza della gente comune, l'*avatāra* sceglie le circostanze della sua vita: dove nascerà, vivrà, cosa farà, e così via. Determinata ad insegnare come "vivere il *Vedānta*", Amma ha creato lo strumento perfetto: il suo darshan.

Per illustrare questo concetto, un giorno un *brahmacārī* ci raccontò questa storia immaginaria su Amma. Prima di scendere sulla Terra, Devī si trovava nei mondi celesti e pensò di incarnarsi sulla Terra.

"Dove dovrei nascere?", chiese alle sue compagne celesti, le *śakti.* Pensando a una bella vacanza con Lei, risposero: "Hmm... In

Kerala! È bellissimo! L'hanno soprannominato il Paese di Dio!".

Devī rispose: "Così sia". E poi domandò: "E chi saranno i miei genitori?".

Le *śakti* si dissero: "Beh, dovrebbe accadere in un luogo isolato in modo che non venga troppa gente a disturbarci". Così, risposero: "C'è una coppia che vive osservando il *dharma* e abita su una striscia di terra tra la laguna e il Mar Arabico. Sono molto pii". (Si guardarono bene dal dire che non c'era un ponte tra le due rive!)

"Così sia", ripeté la Dea. "Ma cosa dovrei fare lì?", aggiunse.

Le Sue compagne risposero: "Puoi educare le persone al *dharma* e insegnare che la loro natura è divina".

"Così sia", disse Devī, "Ma come insegnarglielo?".

Nessuno parlò perché riuscire a parlare di questa verità che è oltre le parole e la mente e non è mai oggettivata, ha del miracoloso.

Alla fine, però, una delle *śakti*, che era nota per essere un po' mattacchiona, esclamò scherzosamente: "Beh, potresti semplicemente abbracciarle".

Le altre compagne ripeterono, perplesse: "Abbracciarle?".

Ridendo, la *śakti* giocherellona aggiunse: "Sì, come quando il *jīvātmā* si fonde con il *paramātmā*".

Voleva essere una battuta, ma gli occhi di Devī si illuminarono. "Sì! Sì! Le abbraccerò".

Le Sue compagne cominciarono ad agitarsi. C'era qualcosa nello sguardo di Devī...

La Dea disse: "All'inizio ci saranno poche persone: ascolterò i loro problemi e asciugherò le loro lacrime, le prenderò tra le braccia e farò tutto quello che posso per aiutarle. Vedendolo, la gente capirà che è possibile amare qualcuno tanto quanto amiamo noi stessi. Ma poi ne giungeranno altre, a centinaia, e io le abbraccerò e mostrerò anche a loro la vera compassione".

Le *śakti* erano sempre più inquiete. Non gli piaceva per niente la piega che stava prendendo la cosa. Devī, però, era sempre più infervorata.

"E poi diventeranno migliaia e io le abbraccerò e anche a loro mostrerò il mio amore e la mia compassione. E la gente si chiederà: 'Come riesce a farlo? Sta abbracciando da ore e ore senza fare una pausa! Non prende del tempo per sé! Tutta la sua vita la dedica ad asciugare le lacrime degli altri e a consolarli! Non ha bisogno di riposo? Come fa a reggere? Come può continuare a sorridere?'. Io però non mi fermerò.

E le migliaia diventeranno milioni. Alcuni mi lanceranno fiori, altri sassi, ma io amerò tutti allo stesso modo. Esprimerò verso di loro la compassione di cui hanno disperatamente sete. Alcuni mi derideranno e mi rimprovereranno, altri mi tradiranno, ma io mostrerò loro solo amore.

E poi arriveranno decine di milioni di persone. Nessuno potrà credere ai propri occhi. La gente commenterà: 'Come può andare avanti così? Il suo corpo starà andando in pezzi!'. E quel corpo che ho assunto starà andando in pezzi, ma io continuerò a sorridere. Mi feliciterò con le persone per i loro successi, asciugherò le loro lacrime di dolore. Mostrerò loro, mostrerò al mondo intero, in cosa consiste realmente il *Vedānta*, cosa significhi e come appare chi sa di essere Dio e che tutto l'universo è figlio suo".

E le *śakti* esclamarono: "Per favore, Devī, non farlo! Sai quanto sarà doloroso? La gente sarà così ignorante. Vorrà sempre di più da Te, non ti lascerà mai riposare con i suoi innumerevoli problemi, guai, domande e lettere. Quando insegnerai e mostrerai loro la Verità, la maggioranza non la capirà! Non possiamo sentire una cosa del genere! Non vogliamo vederTi soffrire così!".

Ma mentre parlavano, il rosso vivo del sāri di Devī stava già iniziando a scolorire e a diventare bianco ed anche i suoi lunghi capelli neri cominciavano a raccogliersi in una crocchia. Poi, davanti ai loro occhi, il corpo snello di Devī divenne gradualmente più rotondo, perfetto per essere abbracciato.

E Devī sentì le *śakti* dire: "Oh, Devī, questa Tua idea è pazzesca. Per favore, non farlo!".

"No, è perfetta. È esattamente come voglio che sia" affermò la Dea.

Una volta compreso l'insegnamento del *Vedanta*, è nostro dovere fare del nostro meglio per metterlo in pratica. La misura in cui Amma vive il *Vedānta* potrebbe non essere fattibile per noi, tuttavia dovremmo considerare la sua perfezione come la stella polare che guida costantemente il viaggio della nostra vita. Questo significa capire che tutte le qualità divine che vediamo in lei rispecchiano gli insegnamenti del *Vedanta*. Riconoscendone il valore, rimaniamo saldi nella nostra conoscenza ed emuliamole. Dobbiamo emulare la pazienza, l'autocontrollo, la compassione di Amma, il suo distacco dalle fatiche e dai dolori fisici, la mancanza assoluta del senso di attrazione e di avversione, la prontezza con cui si sacrifica per gli altri e li aiuta. Nel suo commento al secondo capitolo della *Bhagavad-Gītā*, Śaṅkarācārya scrive: "In tutte le Scritture, le caratteristiche che descrivono una persona illuminata sono presentate come una pratica spirituale per l'aspirante spirituale[50]". Quando questi nostri sforzi sono uniti alla comprensione del *Vedanta*, ci portano gradualmente da *jñānaṁ* a *jñāna-niṣṭhā*.

Dalla prospettiva ultima, anche la mente è *māyā*. Ciò significa che se noi non siamo la mente, cosa importa se sta soffrendo? Questo è ciò che sostengono alcuni autorevoli testi vedantici. A ben vedere, sono corretti.

---

[50] Bhagavad-Gītā, 2.55: sarvatra eva hi adhyātma-śāstre kṛtārtha-lakṣaṇāni yāni tāni eva sādhānani upadiśyante yatna-sādhyātvāt.

Inoltre, la mente oscillerà sempre in qualche modo. La mente è materia, proprio come il corpo. Solo perché abbiamo acquisito la conoscenza del *Vedanta* non significa che non si produrrà un livido se qualcuno colpisce il nostro braccio con un pugno. Analogamente, le emozioni fanno parte della natura della mente e saranno sempre presenti in una certa misura. In definitiva, la liberazione non consiste nel controllare la mente ma nel comprendere che "Io non sono la mente". Non siamo *avatāra* come Amma. Il suo grado di *niṣṭhā* dovrebbe guidarci nel progredire, ma potrebbero passare millenni prima che il mondo veda un'altra mente capace di esprimere un tale grado di *niṣṭhā*.

Ad ogni modo, il nostro *dharma* é sforzarci costantemente di migliorare e disciplinare la nostra mente, allineandola con la nostra conoscenza del *Vedanta*. Allo stesso tempo, non dovremmo mai dimenticare che "indipendentemente dal nostro stato mentale, la mente con i suoi pensieri e le sue emozioni non ha alcun influsso su di noi, la coscienza-testimone".

Queste affermazioni non sono contraddittorie. Anche se abbiamo compreso di non essere la mente, sforziamoci sempre di migliorarla. Comprendere l'*Advaita Vedānta* non vuol dire abbandonare la nostra disciplina interiore. Ogni giorno dovremmo dedicare del tempo alla meditazione, all'*archana*, alla recitazione del nostro mantra e al *seva*. In fin dei conti, sebbene l'insegnamento principale dell'*Advaita* sia "Io non sono la mente ma pura esistenza-coscienza-beatitudine", se vogliamo godere di tale beatitudine, se vogliamo gustare l'*advaita-makaranda*, il nettare della non dualità che è la nostra natura, abbiamo solo un modo per farlo: attraverso il suo riflettersi nella nostra mente.

Quindi, non dovremmo cessare di affinarla e preservarla, anche se la mente e ciò che vi si riflette non sono, in fondo, il nostro vero io. Dopo aver compreso gli insegnamenti fondamentali dell'*Advaita* enunciati dal guru e dalle Scritture, non compiamo più tali azioni al fine di conseguire la liberazione. Semplicemente, il nostro pensiero diventa: "Io sono libero. Lo sono sempre stato e sempre lo sarò, ma la mia mente ha diversi problemi. Ci lavorerò sopra per correggerli anche se questa cosa non ha nulla a che fare con la mia vera natura. Ciò nonostante dedicherò la mia vita a questo compito: affinare, edificare e armonizzare il più possibile la mente con il resto della creazione. Così, sarò più gentile e amorevole e l'amore che è dentro di me non sarà 'intrappolato come il miele dentro una roccia', come dice Amma, ma lo condividerò liberamente con tutti e tutto".

Qui, il *Vedānta* sottolinea l'importanza di *nididhyāsanam*. Iniziamo ascoltando e apprendendo il *Vedānta* dal guru: *śravaṇam*. Poi chiariamo i possibili dubbi riflettendo e ponendo domande: *mananam*. Una volta che la conoscenza è completa e chiara, se vogliamo giungere allo stato di *niṣṭhā*, se vogliamo che la conoscenza saturi la nostra mente come nel caso di Amma, dobbiamo impegnarci a dimorare in questa conoscenza: *nididhyāsanam*. La conoscenza che non ha ancora permeato il subconscio non è molto diversa da quella racchiusa in un libro.

Amma dice: "Potremmo aver ascoltato tantissime volte che non siamo il corpo, né la mente né l'intelletto bensì l'incarnazione della beatitudine, ma non appena ci troviamo di fronte a problemi anche banali ce ne dimentichiamo. Una pratica assidua è perciò necessaria se vogliamo essere forti di fronte alle difficoltà. Dobbiamo allenare la mente a rimanere costantemente in questa consapevolezza, dobbiamo addestrarla a rimuovere tutti gli ostacoli dal nostro cammino, fermamente convinti che non siamo agnellini ma cuccioli di leone". Qui, Amma si sta riferendo alla pratica di *nididhyāsanam*.

Negli anni '60, in America andava in onda un programma televisivo di grande successo chiamato "The Andy Griffith Show", incentrato sullo sceriffo di una cittadina di provincia e sul suo vice egoista e irruente, interpretato dal comico Don Knotts. In un episodio, il vice decise di imparare il judo e chiese allo sceriffo, che era molto più grosso di lui, se potesse mostrargli alcune mosse. Gli disse di colpirlo. Il problema era che il vice ricordava le mosse e sapeva come contrattaccare solo se lo sceriffo lo avesse attaccato molto lentamente e nel modo descritto nel manuale. Se invece si fosse avventato fulmineamente o in modo diverso, il vice sarebbe invariabilmente finito disteso a terra. Come nel judo, la conoscenza del *Vedānta* è utile solo se satura il nostro subconscio. In questo consiste *niṣṭhā* ed è in tali circostanze che possiamo trarne un reale beneficio. Possiamo conoscere tecnicamente le mosse di judo, ma se non abbiamo fatto abbastanza pratica, non riusciremo a eseguirle automaticamente quando occorre.

Allo stesso modo, finché ciò che abbiamo imparato non diventa parte integrante del nostro modo di pensare, camminare e parlare, anche noi dobbiamo praticare il *Vedānta*.

Amma dice spesso con rammarico: "La gente vuole uno sconto e così io faccio sconti, ma quando si fanno troppi sconti, la qualità diminuisce". Ciò che Amma vuole dire è che lei non ci forzerà mai. Se non vogliamo fare meditazione, *archana*, *seva* o altre pratiche, non ci rifiuterà, non ci butterà fuori dalla fila darśan, continuerà a mostrarci il suo amore e la sua compassione e ci concederà questo "sconto". Ma chi ci perde in questo sconto? Ciò che si perde è la qualità del frutto che otteniamo con la nostra comprensione spirituale; la qualità cala in proporzione allo sconto chiesto.

Affinché la conoscenza del *Vedanta* porti frutto, occorre che la nostra mente abbia raggiunto un certo grado di sottigliezza. Ecco perché nella tradizione si dice che, prima di intraprendere la via del *Vedānta*, si debba coltivare, almeno in una certa misura, *sādhana-catuṣṭaya saṁpatti*, le quattro preziose qualità spirituali[51]. Il discernimento, il distacco e l'aspirazione a raggiungere la meta oltre a disciplinare la mente e i sensi sono i presupposti richiesti. Bisogna anche che la mente sia pacificata e riesca a concentrarsi. È inoltre necessario essere capaci, in una certa misura, di raccoglimento interiore e di avere fede negli insegnamenti del guru e delle Scritture. Difatti, se possediamo un livello elevato di *sādhana-catuṣṭaya saṁpatti*, la conoscenza del Sé (*ātma-jñānaṁ*) sorge molto rapidamente quando insegnata dal guru, e *niṣṭhā* segue come sua naturale conseguenza.

[51] In effetti, come si è detto precedentemente, le "quattro" pratiche spirituali sono in realtà "nove" perché una di esse è composta da altre sei. Queste pratiche sono: *viveka* (discernimento), *vairāgya* (distacco), *mumukṣutvaṁ* (anelito alla liberazione) e *śāmādi-ṣatka saṁpattiḥ*, ovvero, le sei preziose qualità che consistono in *śama, dama, uparama, titikṣā, śraddhā* e *samādhāna* (disciplina mentale, controllo dei sensi, raccoglimento interiore, pazienza, fede e concentrazione. Tali pratiche non vanno mai abbandonate.

Ma come raggiungere questo livello? Vivendo una vita basata sui valori universali quali la gentilezza, l'onestà, la pazienza, la compassione e l'umiltà. Tutte queste qualità si sviluppano grazie al karma yoga e a una pratica meditativa regolare. Forse è possibile comprendere il *Vedānta* senza svolgere tali pratiche e acquisire *sādhan-a-catuṣṭaya saṁpatti*. Dopotutto, oggigiorno si può persino studiare il *Vedānta* all'università, ma gli studenti non raggiungeranno l'illuminazione e nemmeno il loro professore. Perché? Perché hanno ottenuto la conoscenza al ribasso, saltando *sādhana-catuṣṭaya saṁpatti*.

Dovremmo assicurarci di non raggiungere la conoscenza del Sé con lo stesso ribasso. Se dopo aver compreso il *Vedānta* non avvertiamo ancora il beneficio emotivo che ne deriva, vuol dire che la nostra mente non è abbastanza affinata. Se è così, dobbiamo impegnarci maggiormente per sviluppare *sādhana-catuṣṭaya saṁpatti*. Anche i *sannyāsī* non dovrebbero infatti mai smettere di coltivare queste qualità.

Il modo migliore per essere sicuri che stiamo sviluppando scrupolosamente *sādhana-catuṣṭaya saṁpatti* è tenere viva la devozione e avere uno stretto rapporto con un *Sadguru* come Amma. La devozione che ci lega al guru è il mezzo migliore per perseverare in queste discipline.

Davanti allo splendore della perfezione di Amma, i difetti della nostra mente sono messi a nudo. Di fronte a queste pecche, gli incoraggiamenti del guru uniti alla nostra devozione ci fanno progredire. La presenza di questi due fattori è dovuta alla grazia e richiama ulteriore grazia. Sul piano empirico, la grazia è sempre necessaria: la grazia per purificare la mente, la grazia per far crescere il nostro legame con il guru, la grazia per seguire le sue istruzioni, la grazia per comprenderne gli insegnamenti e assimilarli. La grazia è necessaria in tutto e per tutto. Come è scritto nelle *Upaniṣad*:

> yasya deve parā bhaktiḥ yathā deve tathā gurau
> tasyaite kathitā hyārthāḥ prakāśante mahātmanaḥ ||

> Solo a quegli animi nobili che hanno suprema devozione per Dio e per il guru viene rivelato

il significato profondo di ciò di cui parlano
le *Upaniṣad*[52].

Come Amma ama dire: "Non è sufficiente affermare: 'Io sono *Brahman*'. Dovremmo esprimere la natura di *Brahman* nelle nostre azioni. Anche se veniamo rimproverati, dovremmo essere capaci di mantenere la calma e non arrabbiarci.

Dovremmo discernere e pensare: 'Io non sono il corpo, io sono l'*ātmā*. Se sono l'*ātmā*, allora non è necessario soffrire'. Si può dire che qualcuno abbia realizzato *Brahman* quando è incapace di odiare. Nello stato in cui dimora, non esiste il senso di inferiorità né di superiorità. Tutto è dentro di noi. Noi siamo *Brahman*, ma non basta affermarlo: dovremmo avvertire interiormente che siamo *Brahman*. Sia il jackfruit che il suo seme sono *Brahman*. Il jackfruit è dolce, mentre il seme non lo è. Per poter esprimere tale dolcezza, il seme deve prima germogliare, crescere, diventare un albero e poi dare frutti. Prima di allora, il seme non è identico all'albero né al frutto. L'albero è nel seme, ma allo stato latente. Se adeguatamente coltivato e curato,

52 Śvetāśvatara Upaniṣad, 6.23

anche il seme può diventare un albero. Allo stesso modo, anche noi possiamo raggiungere lo stato di *Brahman* se ci sforziamo.

Che senso ha affermare di essere *Brahman* quando corriamo ancora dietro ai cibi e ai vestiti mentre consideriamo il corpo immortale? Guardate i *Mahātmā*: non odiano nessuno. Con un sorriso, si relazionano con tutti e svolgono un ruolo di guida nel mondo guardando ogni cosa con una visione equanime. Questo è l'esempio da seguire. Abbiamo innanzitutto bisogno di osservare la disciplina e praticare con regolarità. Lo steccato della disciplina regolare è necessario per proteggere la giovane pianta della spiritualità dagli animali del materialismo".

Sforziamoci quindi di comprendere e assimilare gli insegnamenti di Amma e delle Scritture con fede e devozione. Radichiamoci nei valori universali come la compassione, l'altruismo e l'umiltà. Sviluppiamo il distacco dagli impulsi egoistici. Serviamo il mondo con sincerità, bontà, dedizione e animo distaccato. Così, con una conoscenza salda e una mente sempre più pura, la realtà divina diventerà gradualmente un'esperienza sempre più tangibile dentro e fuori di noi. In questo modo, sapremo comprendere il *Vedānta* e anche, come Amma, vivere il *Vedānta*.

Nel novembre del 2019, Amma si trovava in Europa per quello che sarebbe stato il suo ultimo tour all'estero prima della pandemia di coronavirus e del lungo *lockdown* mondiale che ne è seguito. Al termine di un lunghissimo darshan a Marsiglia, iniziato il mattino e proseguito senza sosta, Amma si rivolse ai devoti. Guardando le migliaia di persone che aveva abbracciato quel giorno, Amma disse: "Vedo che tantissimi di voi sono tristi. Perché siete così tristi? Se solo poteste vedere quello che vedo io, perché io vedo un'incredibile gioia infinita dentro ognuno di voi, coperta purtroppo da una spessa coltre di tristezza che vi impedisce di vederla. Non posso farla affiorare per voi, ma voi potete riuscirci molto facilmente. Dovete solo accorgervi che è lì. È lì! È *lì*!".

Amma aggiunse che aveva l'impressione che la maggioranza dei presenti comprendesse l'essenza del *Vedānta*; ma che il problema era che tale comprensione non dimorava in una mente pacificata e disciplinata. Amma sottolineò più volte che affinché la conoscenza del Sé dell'*Advaita* porti frutto, bisogna prima affinare e mettere a tacere la mente con le diverse pratiche spirituali come compiere azioni disinteressate, meditare, osservare valori universali, praticare il distacco e così via.

Sebbene avesse dato il darśan ininterrottamente per oltre dodici ore e il programma del mattino dopo non fosse poi così lontano nel tempo, Amma iniziò a cantare *Nirvāṇa Ṣaṭakam*, lo *stotraṁ* scritto da Śaṅkarācārya già riportato nel libro. Nelle prime tre righe di ogni verso si distingue tra i vari aspetti del mondo oggettivo (il corpo, la mente, ecc.) e il vero Sé. Nell'ultima riga si proclama trionfalmente: *Cid-ānanda-rūpaḥ śivo'haṁ śivo'ham*, ovvero, "Io sono Śiva, la cui natura è pura coscienza-beatitudine. Io sono Śiva".

Amma disse a tutti i devoti che, mentre cantavano il *bhajan*, dovevano chiudere gli occhi e dimenticare tutto ciò che li legava al mondo. "Lo Śiva del *bhajan* non è il dio Śiva, ma il *Paramātmā*, il Sé supremo", spiegò Amma, "Almeno per tutta la durata del canto, chiudete gli occhi e dimenticate di essere 'così e cosà'. Dimenticate tutto questo e, mentre cantate, affermate con convinzione: 'Sì, io sono il Sé supremo. Io sono il Sé supremo'". Ogni volta che l'ultima riga del *bhajan* veniva ripetuta, Amma compiva un gesto verso i devoti e poi verso se stessa come per dire: "Siete voi! Sono io. È la verità di tutti noi: *Śivo 'haṁ śivo 'ham*".

Questo è l'insegnamento supremo di Amma e dell'*Advaita*: voi stessi siete la pace e la felicità eterne che cercate da tutta la vita. Voi non siete il corpo né la mente. Voi siete pura esistenza-coscienza-beatitudine. Siete quello stesso filo divino su cui sono legati tutti i cuori. Tutti i nomi e le forme appaiono in voi, esistono in voi e si fondono di nuovo in voi in un ciclo eterno. Poiché permeate ogni cosa essendone il substrato, nulla può mai toccarvi né tanto meno farvi del male. Voi siete questa verità. "Siete voi! Siete voi!".

Con la grazia di Amma, possiamo tutti riuscire a capire, assimilare e vivere questa sacrosanta verità.

Oṁ lokāḥ samastāḥ sukhino bhavantu
Che tutti gli esseri dell'universo siano felici!

www.ingramcontent.com/pod-product-compliance
Lightning Source LLC
Chambersburg PA
CBHW060154050426
42446CB00013B/2811
* 9 7 8 1 6 8 0 3 7 8 7 9 5 *